LA FRANCE EN DANGER

QUI SONT NOS ENNEMIS?

Jacques DYKENS

LA FRANCE EN DANGER

ISBN: -10 : **1975954947**

ISBN-13 : **978-1975954949**

:

LA FRANCE EN DANGER

LA FRANCE EN DANGER

TABLE DES MATIERES

Introduction

LA FRANCE EN DANGER

LA FRANCE EN DANGER

Jacques DYKENS

Introduction

Il fut un temps où, comme bon nombre d'entre vous, je prétendais agir en fonction de ce que je croyais être des valeurs sûres auxquelles je tenais. Des valeurs qui me furent transmises par ces personnes qui eurent en charge mon éducation, et m'ont amené à pratiquer le mimétisme aveugle.

La vie, cette étape qui sépare la naissance de la mort physique, nous fournit irrémédiablement et sans distinction, l'énergie nécessaire à notre passage sur cette terre. Une énergie qui n'influe en rien sur notre cycle de vie propre, puisque de par notre nature, notre capacité à concevoir, mais aussi à détruire les choses, notre vie n'est jamais rien de plus que ce que nous choisissons d'en faire. Une réalité à laquelle nul ne peut déroger, puisque nous sommes les seuls vrais artisans de notre propre destinée.

Le réel danger pour une France en pleine crise, ce n'est pas le terrorisme, ni les oligarques au pouvoir, c'est avant tout le déficit de connaissances du plus grand nombre. Un déficit qui n'augure aucun avantage pour l'unité, l'engagement, et la difficulté de ceux qui en font l'expérience est une évidence. Comment peut-on encore ignorer cette vérité selon laquelle, la loi de transmission du savoir, ne se limite pas uniquement à une simple formalité ? que la "Laïcité" fut inventé par une oligarchie sans morale dans le but de nous déposséder de la nôtre? Le grand défi de notre époque est donc celui de déceler, au travers de ces multiples tendances qui tendent à réduire nos champs visuels, quelles sont nos véritables priorités. Il n'est pas facile d'éveiller les consciences endormies, c'est pourquoi à travers cet ouvrage, j'ai voulu mettre en exergue l'importance que chacun d'entre nous se doit d'accorder à l'éducation qu'il reçoit, mais davantage à celle qu'il transmet à ses enfants car, de cette éducation dépend essentiellement la manière dont ils appréhenderont le monde dans lequel ils vont devoir évoluer.

"Ce que tout le monde appelle "éducation" est une machine à fabriquer des soldats de la pseudo-économie, et non des futurs êtres humains accomplis, capables de penser, de critiquer, de créer, de maîtriser et de gérer leurs émotions, ainsi que de ce que nous appelons spiritualité" (Pierre Rabhi)

LA FRANCE EN DANGER

LA FRANCE EN DANGER

LA FRANCE EN DANGER

CHAPITRE 1

L'EDUCATION

Au risque d'offusquer certaines de mes lectrices, de passer pour un "misogyne" ou un "machiste", j'aimerais rappeler l'une des conséquences indiscutable concernant les problèmes d'éducation de nos enfants est cette fameuse "révolution sexuelle" qui, il faut oser le dire, n'a jamais été un mouvement de libération de la femme, contrairement à ce que tous les mouvements féministes affirment, mais bel et bien une volonté de la part de ce système, qui avait en fait deux objectifs très précis :

1. Faire travailler les femmes pour qu'elles soient, elles aussi, obligées de payer des impôts ;

2. Séparer les enfants de leurs mères dès leur plus jeune âge, afin de centraliser l'éducation et d'en dépouiller les familles.

Suite à cette prétendue "révolution", notre rôle, à nous enseignants, fut donc de prodiguer une instruction, des connaissances, d'enseigner des matières sensées permettre à ces enfants d'entrer dans la vie professionnelle. En vérité, notre rôle est d'en faire de vraies machines soumises au système économique, et de les éduquer à la place de leurs parents (ce qui est toujours le cas aujourd'hui).

J'aime à rappeler aux parents qu'il est de leur responsabilité première de leur inculquer eux-mêmes des valeurs morales et citoyennes, telles que la politesse, le respect de soi-même et des autres, la tolérance, la solidarité, la responsabilité individuelle, la non-violence, le goût du bon et du bien, l'utilité d'apprendre pour soi-même, afin d'être utiles aux autres. Il serait peut-être temps que chacun assume ses propres responsabilités, et comprenne que le fait d'exercer un métier ne nous dispense nullement d'assumer ce rôle de parents que nous avons choisi de devenir.

C'est pourquoi nous sommes de plus en plus nombreux, en tant qu'enseignants et parents, à oser dénoncer l'ambition réelle de nos politiciens, qui est d'interdire à nos enfants de penser, de réfléchir et d'agir par et pour eux-mêmes, de croire en eux et de découvrir leurs réelles capacités, d'imaginer un autre système que celui qui leur est imposé.

Les faits démontrent de manière indiscutable, qu'il y a une réelle volonté (à peine dissimulée) de faire en sorte que la qualité de l'enseignement donnée aux classes dites "inférieures" soit la plus pauvre possible, de telle sorte que le fossé de l'ignorance qui isole les classes dites "inférieures" des classes "supérieures " se creuse d'avantage et perdure.

Il est en effet de plus en plus évident que ce système cherche délibérément à encourager les citoyens à se complaire dans la médiocrité, à trouver "cool" le fait d'être ignorant des choses essentielles à leur évolution et leur équilibre, par le biais d'une manipulation sociale à peine voilée. Comment, dès lors, ne pas être découragé face cette situation qui rend notre tâche d'enseignant de plus en plus difficile ? Ajoutez à cela la démission de bon nombre de parents dans l'éducation de leurs enfants.

La situation actuelle impose que nous mettions en exergue l'importance que le gouvernement se doit d'accorder à la lutte contre les trop nombreux dysfonctionnements de tout notre système éducatif, et comment elle doit être prioritairement inscrite à l'agenda politique au plan national. En effet, à chaque rentrée scolaire, nous ne pouvons que constater le désastre intellectuel qui prend de plus en plus d'ampleur. En cause, bien entendu, les réformes et expériences tentées pour avoir une soi-disant "meilleure éducation".

Des réformes qui attestent que l'enfant n'est toujours pas écouté, que l'on ne prend toujours pas la peine de le regarder comme étant un adulte en devenir, de tenir compte de ce à quoi il aspire en tant qu'individu et citoyen, futur acteur de cette société.

Les faits démontrent clairement que toutes les réformes et lois imposées chaque année pour lutter contre l'absentéisme, le décrochage, l'illettrisme, l'insécurité à l'école, se sont avérées être absolument inefficaces et inutiles. Les chiffres parlent d'eux-mêmes. A la fin de chaque année scolaire, ce sont entre 120 000 et 140 000 jeunes qui sortent de l'école sans diplôme ni qualification, et ces chiffres sont en

augmentation constante d'année en année, contrairement aux chiffres annoncés à la baisse par les gouvernements successifs.

Depuis combien d'années dispose-t-on du même dispositif scolaire ? Quand comprendra-t-on que les décrocheurs ne sont en réalité que la consé-quence d'un système scolaire trop rigide? Un système qui, n'ayons pas peur des mots, leur ment sur l'histoire de leur pays, refuse de leur enseigner le fonctionne-ment réel de l'économie, ce qu'est le structuralisme social, la démocratie etc.

Comment ne pas s'insurger contre un système qui reste furieusement attaché à ce bon vieux schéma qui consiste à mettre l'enfant en situation de crainte et d'interdiction de se tromper, imposant un mode ré-pressif qui pousse bon nombre de parents à envoyer leur progéniture dans le privé, ou d'assurer eux-mêmes leur éducation à domicile ?

Il est plus qu'évident que les raisons pro-fondes de l'absentéisme, contrairement à ce que l'on peut penser, sont en fonction de la personnalité et des besoins réels de chacun des élèves, de leur rapport à l'école, de l'établissement dans lequel ils se trouvent, du contexte familial et du schéma éducatif des parents. Toute généralisation dans ce domaine est donc réductrice et ne permet pas de comprendre la problématique de l'absentéisme ni de le résoudre.

Albert EINSTEIN a dit : *"Tout le monde est un génie. Mais si tu évalues un poisson sur sa capacité à grimper aux arbres, il vivra toute sa vie en pensant qu'il est stupide."*

Avez-vous une petite idée de combien d'enfants aujourd'hui, bien qu'ayant été à l'école, fait de longues études, n'ont jamais réussi à trouver leur voie dans la vie ? Combien d'entre eux n'en sont-ils pas arrivés à penser et à se persuader qu'ils étaient stupides et inutiles ? Voila pourquoi, face à cette réalité, la question que je vous pose à vous parents est : Êtes-vous prêts à jeter un regard d'intérêt autre que vers la direction des valeurs et des règles établies par un système qui ne cesse de nous montrer ses failles ?

Empruntons donc la voie de la sagesse et instruisons-nous de ce que les vraies valeurs nous enseignent. Nous ne pourrons obtenir cette compréhension tant nécessaire, que lorsque nous serons en mesure de juger de la conformité de nos désirs exprimés de bâtir un monde plus juste et nos actions menées, exemptes de duplicité, d'une vision excentrée non vaniteuse, et l'application des principes cadres qui assureront la réussite de toutes entreprises permettant la pérennité de notre structure sociale.

Il est important de souligner ce qui, à mon sens, est la raison principale de l'éclatement des familles, mais que refusent d'admettre nos politiciens : l'aspect purement économique. En effet, comment les parents peuvent-ils encore envisager d'élever dignement un enfant, si nos élus persistent à gérer le pays de la sorte ?

Quel avenir les jeunes peuvent-ils encore envisager, en ayant chaque jour sous les yeux l'image de leurs parents galérant sans cesse pour parvenir à boucler leurs fins de mois ? Comment envisager l'avenir sereinement, tout en étant les victimes directes des confrontations intestines qui se livrent chaque jour sur la place publique, ayant pour but de faire passer une seule et unique loi que tout le monde se doit d'accepter sans broncher : la loi des plus riches ? Cette loi qui pousse quantité de gens au désarroi du fait de leur connaissance très superficielle de notre système, les empêchant ainsi de gérer efficacement leur propre vie, et les pousse à certaines extrémités dont les conséquences ont des répercussions souvent désastreuses dans leurs relations sociales, professionnelles, mais aussi sur leur environnement naturel !

Est-il encore nécessaire de démontrer, à qui que ce soit, que lorsqu'il est confronté à certaines difficultés d'ordre relationnelles, la réaction première de l'être humain devient alors fonction de son état mental, qui n'est autre que le produit de ce dont il s'est nourrit durant sa vie, de telle sorte qu'il n'est plus en mesure de se maîtriser et dans certains cas, le conduit au suicide ? S'il est une chose que tout parent doit avoir à l'esprit et l'enseigner à ses enfants, c'est comment nos dirigeants s'y prennent pour manipuler nos esprits.

Le linguiste nord-américain Noam Chomsky a élaboré une liste des "Dix Stratégies de Manipulation" à travers les média. Nous la reproduisons ici. Elle reprend l'éventail, depuis la stratégie de la distraction, en passant par la stratégie de la dégradation jusqu'à maintenir le public dans l'ignorance et la médiocrité. Particulièrement intéressant pour décrypter notre actualité française. Dans un autre genre, tout aussi édifiant que le livre de Naomi Klein : "La stratégie du choc".

1/ La stratégie de la distraction : élément primordial du contrôle social, la stratégie de la diversion consiste à détourner l'attention du public des problèmes importants et des mutations décidées par les élites politiques et économiques, grâce à un déluge continuel de distractions et d'informations insignifiantes. La stratégie de la diversion est également indispensable pour empêcher le public de s'intéresser aux connaissances essentielles, dans les domaines de la science, de l'économie, de la psychologie, de la neurobiologie, et de la cybernétique. "Garder l'attention du public distraite, loin des véritables problèmes sociaux, captivée par des sujets sans importance réelle. Garder le public occupé, occupé, occupé, sans aucun temps pour penser; de retour à la ferme avec les autres animaux." Extrait de "Armes silencieuses pour guerres tranquilles".

2/ Créer des problèmes, puis offrir des solutions : cette méthode est aussi appelée "problème-réaction-solution". On crée d'abord un problème, une "situation" prévue pour susciter une certaine réaction du public, afin que celui-ci soit lui-même demandeur des mesures qu'on souhaite lui faire accepter. Par exemple : laisser se développer la violence urbaine, ou organiser des attentats sanglants, afin que le public soit demandeur de lois sécuritaires au détriment de la liberté. Ou encore : créer une crise économique pour faire accepter comme un mal nécessaire le recul des droits sociaux et le démantèlement des services publics.

3/ La stratégie de la dégradation : pour faire accepter une mesure inacceptable, il suffit de l'appliquer progressivement, en "dégradé", sur une durée de 10 ans. C'est de cette façon que des conditions socio-économiques radicalement nouvelles (néolibéralisme) ont été imposées durant les années 1980 à 1990. Chômage massif, précarité, flexibilité, délocalisations, salaires n'assurant plus un revenu décent, autant de changements qui auraient provoqué une révolution s'ils avaient été appliqués brutalement.

4/ La stratégie du différé : une autre façon de faire accepter une décision impopulaire est de la présenter comme "douloureuse mais nécessaire", en obtenant l'accord du public dans le présent pour une application dans le futur. Il est toujours plus facile d'accepter un sacrifice futur qu'un sacrifice immédiat. D'abord parce que l'effort n'est pas à fournir tout de suite. Ensuite parce que le public a toujours tendance à espérer naïvement que "tout ira mieux demain" et que le sacrifice demandé pourra être évité. Enfin, cela laisse du temps au public pour s'habituer à l'idée du changement et l'accepter avec résignation lorsque le moment sera venu.

5/ S'adresser au public comme à des enfants en bas-âge : la plupart des publicités destinées au grand public utilisent un discours, des arguments, des personnages, et un ton particulièrement infantilisants, souvent proche du débilitant, comme si le spectateur était un enfant en bas-âge ou un handicapé mental. Plus on cherchera à tromper le spectateur, plus on adoptera un ton infantilisant. Pourquoi ? "Si on s'adresse à une personne comme si elle était âgée de 12 ans, alors, en raison de la suggestibilité, elle aura, avec une certaine probabilité, une réponse ou une réaction aussi dénuée de sens critique que celles d'une personne de 12 ans". Extrait de "Armes silencieuses pour guerres tranquilles".

6/ Faire appel à l'émotionnel plutôt qu'à la réflexion : faire appel à l'émotionnel est une technique classique pour court-circuiter l'analyse rationnelle, et donc le sens critique des individus. De plus, l'utilisation du registre émotionnel permet d'ouvrir la porte d'accès à l'inconscient pour y implanter des idées, des désirs, des peurs, des pulsions, ou des comportements…

7/ Maintenir le public dans l'ignorance et la bêtise : faire en sorte que le public soit incapable de comprendre les technologies et les méthodes utilisées pour son contrôle et son esclavage. La qualité de l'éducation donnée aux classes inférieures doit être la plus pauvre, de telle sorte que le fossé de l'ignorance qui isole les classes inférieures des classes supérieures soit et demeure incompréhensible par les classes inférieures. Extrait de "Armes silencieuses pour guerres tranquilles".

8/ Encourager le public à se complaire dans la médiocrité : encourager le public à trouver « cool » le fait d'être bête, vulgaire, et inculte…

9/ Remplacer la révolte par la culpabilité : faire croire à l'individu qu'il est seul responsable de son malheur, à cause de l'insuffisance de son intelligence, de ses capacités, ou de ses efforts. Ainsi, au lieu de se révolter contre le système économique, l'individu s'auto-dévalue et culpabilise, ce qui engendre un état dépressif dont l'un des effets est l'inhibition de l'action. Et sans action, pas de révolution !

10/ Connaître les individus mieux qu'ils ne se connaissent eux-mêmes : au cours des 50 dernières années, les progrès fulgurants de la science ont creusé un fossé croissant entre les connaissances du public, et celles détenues et utilisées par les élites dirigeantes. Grâce à la biologie, la neurobiologie, et la psychologie appliquée, le "système" est parvenu à une connaissance avancée de l'être humain, à la fois physiquement et psychologiquement. Le système en est arrivé à mieux connaître l'individu moyen que celui-ci ne se connaît lui-même. Cela signifie que dans la majorité des cas, le système détient un plus grand contrôle et un plus grand pouvoir sur les individus que les individus sur eux-mêmes.

CHAPITRE 2
STRUCTURALISME
SOCIAL ET ECONOMIQUE

Combien d'entre vous y comprenez réellement quelque chose à la politique, à l'économie ? Pour la grande majorité des personnes à qui j'ai posé cette même question, j'obtins quasiment toujours la même réponse : "*Non ? ce sont deux sciences si complexes, qu'il vaut mieux laisser les spécialistes s'en charger.*"

Qu'entendez-vous par "complexe" ? Ne s'agit-il pas tout simplement de paresse intellectuelle que d'incompréhension? Il est vrai que tout a toujours été fait par ces prétendus "spécialistes" pour nous compliquer la vie mais, combien d'entre vous font l'effort de s'informer comme ils le devraient ?

Il est vrai que, comme je l'ai mentionné au chapitre précédent, l'éducation nationale ne joue plus son rôle initial, qui est de nous enseigner les choses essentielles, mais combien utilisent les moteurs de recherche, vont dans les bibliothèques pour s'instruire? Celui qui veut savoir trouve des solutions, celui qui ne veut pas trouve des coupables et des excuses.

Lorsque j'étais encore étudiant (fin des années 70 en Belgique) en sciences commerciales, il m'a été enseigné que : "pour qu'une structure sociale soit solide et fonctionne correctement, il est impératif que tout soit lié à un idéal commun, exempt de toute notion de privatisation et de propriété des biens par une seule classe sociale (les riches)".

Ce qui implique que soient instaurées de vraies lois, de vraies règles bien définies en tant que système qui se conserve (ou s'enrichit par le jeu même de ses transformations), protégé par ses frontières, et comprenne ces trois caractères : de totalité, de transformation et d'autoréglage lui permettant d'engendrer des éléments qui lui appartiennent.

Que, lorsqu'un travailleur produit une marchandise, celle-ci aura un prix de vente, et que si on soustrait du prix de vente le salaire du travailleur, les cotisations (charges patronales) et les coûts de production, il reste toujours une certaine somme appelée "plus-value" ou "profit". Une valeur que seul le travailleur a créée, mais que le capitaliste ultra libéral préfère investir (par exemple dans la modernisation des unités de production), à seule fin de baisser les coûts de production, ainsi que les salaires et le nombre de salariés à seule fin d'augmenter son profit personnel.

Il est bien connu qu'en modernisant toujours plus ses unités de productions, qu'en délocalisant les entreprises dans les pays où la main d'œuvre est dix fois inférieure que chez nous pour rester "concurrentiel" sur le marché, pour rester "compétitif", qu'il est obligé de licencier du personnel.

Le progrès est une bonne chose certes, mais uniquement s'il suit le chemin de la raison et du respect des travailleurs.

Il est grand temps que vous sachiez que, en ce qui concerne les entreprises qui n'ont de cesse de nous dire qu'elles payent trop de charges et de taxes, que dans les faits, toutes se les font rembourser intégralement par les consommateurs qui achètent leurs marchandises ! Comment ? De la manière la plus simple du monde ! Elles les incorporent dans les calculs des prix de revient et de vente de leurs produits.

Elles n'ont en réalité aucune "charge" et ne participent donc en rien aux financements des dépenses de Santé, des Retraites et du Chômage. Les grands perdants sont bien entendu les consommateurs, puisque par déduction, les charges sociales impactent deux fois directement leur portefeuilles : une fois sur leur feuille de paie, et une autre fois sur leur consommation.

Comment peut-on encore accepter aujourd'hui, dans une société prétendue démocratique, que l'homme ne soit rien de plus qu'un objet d'aliénation, que son travail soit organisé de telle sorte que ce qu'il fait, soit un travail d'esclave visant à satisfaire d'avantage un idéal financier d'une certaine classe sociale ?

Tous les spécialistes vous diront que l'usure est la principale responsable des souffrances d'un pays (emploi, famille, éducation, santé, insécurité…) et les usuriers les premiers esclavagistes.

Qu'est-ce qu'un usurier ? *"Par extension, celui, celle qui profite des malheurs ou des nécessités d'autrui pour accroître sa fortune."*

L'usure est donc l'action de prêter de l'argent à

quelqu'un, et de lui réclamer un remboursement avec des intérêts élevés.

Souvenez-vous que la réforme de la Banque de France de 1973 a interdit que celle-ci prête à l'État à taux zéro, l'obligeant ainsi à aller emprunter avec inté-rêt sur les marchés privés.

Les statuts actuels de la Banque de France (sous tutelle de la BCE depuis 1997) confortent l'obligation de soumettre à l'usure des banksters :

Art. **L. 141-3. Statuts actuels de la BDF** – "Il est interdit à la Banque de France d'autoriser des dé-couverts ou d'accorder tout autre type de crédit au Trésor public ou à tout autre organisme ou entreprise publics." ;

A rapprocher de la **loi de 1973 (loi 73-7, art.25)** : "le Trésor public ne peut être présentateur de ses propres effets à l'escompte de la Banque de France" ;

L'équivalent de la loi de 1973 au niveau de l'Europe est l'**article 123 du Traité de Lis-bonne** (ratifié contre le gré des Français) : Il est in-terdit à la Banque centrale européenne et aux banques centrales des États membres, d'accorder des découverts ou tout autre type de crédits aux institutions, organes ou organismes de l'Union, aux administrations centrales, aux autorités régionales ou locales, aux autres autorités publiques, aux autres organismes ou entreprises publics des États membres.

Posons-nous alors la question : Si on emprunte de l'argent qui ne leur appartient pas, puisqu'il est question de notre argent, et qu'ils nous demandent ensuite de rembourser avec des intérêts que ni eux, ni nous, n'avons créé, dans ce cas, comment est-il possible de le faire sans devoir réemprunter à nouveau ? Saviez-vous que les français consacrent plus de la moitié de leur salaire annuel pour alimenter le système fiscal qui graisse inutilement la patte aux usuriers (46% de prélèvements obligatoires + 20% TVA sur les dépenses des ménages ?

Saviez-vous que l'or et les avoirs français sont détenus par la Banque de France (BDF) et qu'une partie est versée à la Banque centrale Européenne (BCE) ?

Saviez-vous que le Système européen des banques centrales (SEBC) est composé de la Banque centrale européenne (BCE) et des 27 banques centrales nationales (BCN) des pays membres de l'Union européenne ? En ce qui concerne la France (depuis 1997), la BDF est sous la tutelle de la BCE dont on s'étonnera de constater que la Banque d'Angleterre (société privée qui n'est pas non plus sous le contrôle britannique, mais de la famille Rothschild) y est actionnaire pour 15%.

Le statut actuel de la BDF : Art. L. 141-1. – "La Banque de France fait partie intégrante du Système européen de banques centrales institué par l'article 8 du traité instituant la Communauté européenne". Il faut savoir également que l'or placé à la Banque de France, est placée sous l'autorité de la BCE contre garantie des dépôts / promesse d'avoir. Sans aval et dans le plus grand secret, la BDF (sur ordre de la BCE) peut décider d'évacuer l'or dans un autre pays, comme la BDF l'avait déjà fait, par sa seule décision entre 1932 et 1940.

Il est un fait indiscutable que, rien ne se fait dans le monde sans l'aval de la City et son cartel banquier. Son influence sur le politico-économique a atteint son paroxysme et perdure depuis les guerres napoléoniennes lorsque la banque Rotschild finançait les deux côtés de la belligérance (j'y reviendrai plus loin, dans le chapitre consacré à ce fait historique). De fait, Wall Street n'existerait pas sans la city de Londres.

Wall Street est inféodé à la City et non pas l'inverse. Les Rockefeller et autres Morgan, Warburg et compagnie, sont les agents de la city au "Nouveau monde", dans une Amérique soit disant indépendante de l'influence britannique.

Le cartel des banques privées des banques centrales, incluant la Banque d'Angleterre et leur QG de la Banque des Règlements Internationaux de Bâle prennent leurs ordres à la City de Londres. La couronne d'Angleterre et sa banque sont inféodées à la City de Londres et non pas l'inverse. Il est important que tout le monde comprenne ceci). En ce qui concerne la BCE (Banque Centrale Européenne), il est tout aussi important de savoir quel rôle celle-ci joue exactement, et quelles sont les conséquences de ses actions.

L'Union Européenne, contrairement à la France, n'emprunte pas mais crée sa propre monnaie (l'euro). Les banques centrales nationales sont seules autorisées à souscrire et à détenir le capital de la BCE, et s'agissant de la Banque nationale française (la BDF), elle compte pour 14% du capital de la BCE, contre 20% pour la BC d'Allemagne (*Deutsche Bundesbank*) et étonnement, pour 15% à la BC Angleterre (*Bank of England – holding privée contrôlée par des intérêts financiers de la City*), qui n'a pourtant pas souscrit à l'euro. La BCE et l'euro échappe de fait, au contrôle de l'État français.

La City est dirigée par la Banque d'Angleterre, une société privée. La City large d'un mile au carré est un état souverain localisé en plein cœur de Londres. En tant que "Vatican du monde financier", la City n'est pas soumise à la loi Britannique."

Nul ne peut plus nier aujourd'hui que la souveraineté française est devenue une vaste illusion puisque, n'ayant plus le contrôle de la création monétaire et de l'accès à ses avoirs en or, l'État français n'est rien de plus qu'un état fantoche, corroboré par des représentants dont la capacité législative limitée, est sous domination des décisions européennes.

Où est stocké l'or des français (qui ne leur appartient pas) ?

Contrairement à ce que l'on pourrait croire, le coffre-fort de la BDF n'a jamais été la seule zone de stockage de l'or dit "français". Déjà à l'entre – deux guerres, pour des raisons de sécurité, de nombreux coffres disséminés sur tout le territoire national servent de point de stockage, jusqu'à l'élévation du risque de l'instabilité sociale en France. Dès 1932 l'or français (2500T à l'époque) commence à quitter le territoire, quatre ans avant l'avènement du Front Populaire en France, de 1936 et avant même l'élection du Chancelier Hitler en 1933, qui conduira par la suite à sa conquête de l'or des Nations avoisinantes après 1938.

Rappelons aussi que le 24 juillet 1936, suite à la réforme de la Banque de France, la loi remplace le Conseil de régence qui désignait le gouverneur par un Conseil général. Les membres du Conseil de régence étaient élus par les 200 actionnaires les plus importants, dorénavant, ils cèdent leur place aux représentants de l'État, à ceux des grandes forces organisées du travail et de l'activité industrielle, commerciale et agricole et à ceux, élus par les petits actionnaires qui obtiennent aussi le droit d'assister aux assemblées générales. L'or n'est désormais plus sous le contrôle de l'état et peut très bien disparaitre discrètement sans aucun contrôle officiel de l'État qui ne possède qu'un avoir. Et quand on constate le braquage organisé des déposants à Chypre et bientôt ailleurs en Europe, on peut imaginer sans peine l'impossibilité d'avoir accès à l'or de la BDF (comme celui des particuliers) en cas d'effondrement en chaîne, de risque de guerre, ou d'instabilité politique !

Rien ne peut certifier à 100%, compte tenu du risque d'un effondrement monétaire de la zone euro, que "l'or des français" se trouvent toujours dans les coffres de la BDF, ni même sur le territoire et qu'il le soit ou non, ne présume pas de l'avenir. Sachant qu'une partie avait déjà été échangée en 2004 contre du papier. A ce moment là, l'or valait 400 dollars/once contre 4 fois plus aujourd'hui (1600 dollars/oz). Cette décision représente donc une saignée dans les avoirs français et dans un contexte où on ne pouvait pas ignorer qu'il était voué à augmenter (et ce n'est d'ailleurs pas fini...) C'est l'ancien ministre de l'économie Nicolas Sarkozy (à l'époque) qui avait sollicité la revente d'une partie de notre or contre des devises (1/5e : 500 à 600T d'or sur les 3000T).

Quant à l'autre partie (2400T estimé en 08/2011), la haute-trahison de la logique de l'endettement depuis 1973, fait que de toute manière, la dilapidation des avoirs se fait tout naturellement pour couvrir les intérêts, puis les intérêts des intérêts d'une dette qui, en réalité, n'a pas lieu d'exister.

Et si l'or de la BDF venait à quitter le territoire, où irait-il ? Pour les simples citoyens que nous sommes, il serait tout simplement impossible de le savoir. La BDF, sous le contrôle de la BCE, pourrait dans un premier temps le faire se déplacer en Europe et ensuite ailleurs, au gré de l'évolution des situations géostratégiques et politiques. Certains avancent comme hypothèse qu'il pourrait être déplacé en Israël car, même si les puissants riches de la planète restent très discrets sur la question, Israël est de fait, par son influence, le possible "Nouvel Empire" d'où naîtra ce Nouvel Ordre Mondial dont nous parlait l'ex Président de la République Nicolas Sarkozy, lors d'une apparition télévisées dans laquelle il prononça ces mots, je cite :

"Nous irons ensemble vers ce Nouvel Ordre Mondial et personne, je dis bien personne ne pourra s'y opposer, car à travers le monde, les forces au service du changement sont considérablement plus fortes que les conservatismes et les immobilismes. Je vous conduirai vers ce Nouvel Ordre Mondial et nul ne pourra s'y soustraire."

François HOLLANDE l'a lui-même confirmé lors d'une interview en directe sur France 24 en novembre 2013 en ces mots : "Il est impératif que soit créé un nouvel ordre économique mondial… "

Barack Obama fit lui-même des révélations sur le nouvel ordre mondial et les illuminatis au cours de plusieurs de ses apparitions télévisées.

Jacques Attali (membre très actif du groupe **Bilderberg**), interrogé en 2006 sur la chaîne Public Sénat, le confirmera également en prononçant cette phrase :

"La situation idéale serait d'avoir Jérusalem comme capitale de la planète réunifiée autour d'un gouvernement mondial ."

D'ailleurs, si on considère Israël sur de nouvelles frontières conquises "allant de l'Euphrate au Nil", l'ancienne Babylone (actuel Irak) pourrait même y être incluse, confortant également l'eschatologie islamique mais cette fois au sens propre plutôt qu'au sens figuré, avec le pétrodollar qui dit que "le fleuve de l'Euphrate laissera apparaitre une montagne d'or, pour laquelle les gens vont s'entretuer."

Il est important de bien comprendre et partager la connaissance, notamment celle sur la monnaie, à l'instar de Mayer Amschel Rothschild qui la résume en une phrase : *"Accordez moi le pouvoir de la création de la monnaie et je ne me soucierai pas de qui fait les lois"*

Nous devrions très sérieusement tenir compte des expériences passées telles que celles de Kadhafi (voulant recréer le dinar-or en Afrique), de Saddam Hussein (voulant vendre son pétrole contre d'autres devises que le dollar), ont vite été réglées par l'Empire.

La situation économique mondiale étant ce qu'elle est, je pense qu'il faudrait favoriser davantage le développement de marchés locaux et les initiatives individuelles ou collectives, qui rentrent dans une démarche "bien orientée". Et à contrario, être vigilant sur les tentatives de déstabilisation et de corruption : sociétés secrètes, infiltration, subversion, agressions territoriales etc.

Dans le cas de la France, nous devons prendre compte que notre déficit national provient en grande partie de notre infrastructure électorale type "mille feuilles" au niveau des "Collectivités locales" : Régions - Inter - Régions / Pôles - Inter Pôles / Départements/ Cantons/inter communes.

On ampute aujourd'hui des postes clés pour gagner 3 milliards par ci par là (Retraites , allocations familiales etc.). On augmente les Impôts, la TVA, les radars, les PV, l'EDF, la taxe d'habitation, la taxe foncière, la CSG, la redevance TV, on continue l'ascension des taxes de consommation sur le diésel, le tabac, pendant que les politiques se "pavanent" avec les indemnités, les cumuls de mandats, les frais de fonctionnement France et Europe, les retraites indexées, doublées, acquises dès qu'on est à un poste clé pendant deux mois etc. Il est grand temps que nous réformions nos structures tentaculaires. Arrêtons toutes ces gabegies.

Il faut entreprendre de vraies réformes institutionnelles, en ne tolérant plus les organisations secrètes et la subversion négative qui poussent les institutions et ses citoyens à la déliquescence et à l'abrutissement. Réintroduire la vertu (morale, l'honneur, compassion) comme pilier de la reconstruction. Ne plus tolérer ou tergiverser avec la perversion et à défaut de richesse, on pourra espérer voir renaître l'entraide et la solidarité naturelle, émanant de cette prise de conscience, afin qu'elle puisse contrebalancer dans une moindre mesure.

En quittant la société de consommation, riche en biens mais pauvre en conscience, il faudra tirer les enseignements et comprendre qu'un âge d'or n'est possible qu'en cultivant ce qui est essentiel dans la vie d'un homme ou d'une femme : ***"Apprendre à s'aimer."***

L'amour est une richesse inépuisable même pour qui est dispendieux, qui ne subit pas l'inflation, non taxable, qui n'a pas besoin de coffre, qui enrichit autant celui qui donne, dont le retour sur investissement perdure au-delà **de tout**. Il est à la base des relations sociales bien orientées qui se veulent harmonieuses et heureuses.

Nous avons également grand besoin de cultiver d'avantage la sagesse et la connaissance, pour ne pas à nouveau faire les frais de l'influence de "banksters" constituant les prémices de la décadence.

CHAPITRE 3

LA REVOLUTION FRANCAISE

Afin de mieux comprendre les causes réelles de la situation actuelle de la France, il est utile de connaître son histoire. Oubliez les discours officiels inventés par Michelet, qui ne sont qu'une fable destinée à donner de la légitimité à une réalité beaucoup moins glorieuse.

Contrairement à ce que l'on nous a enseigné, la Révolution de 1789 fut en réalité une guerre civile entre nantis, conséquences d'une rivalité entre les Rois et la noblesse. En fait, les Rois de France se méfiaient tellement des familles puissantes de la noblesse, leurs anciens rivaux, qu'ils leur ont, au fil des siècles, attribué de plus en plus de prérogatives, espérant d'eux une loyauté à toute épreuve. Malheureusement, à mesure que la bourgeoisie montait en puissance, l'aristocratie perdait progressivement ses pouvoirs.

A la Cour de Versailles, les apparences étaient trompeuses. Le Roi maintenait auprès de lui les nobles puissants et riches afin de les neutraliser politiquement.

Rappelons qu'au Moyen-âge, le pouvoir réel était ailleurs, que les nobles participaient pleinement à la vie politique, judiciaire, militaire et administrative de leurs fiefs. Ils rendaient justice, ils dirigeaient l'administration, appliquaient les lois, levaient les impôts etc.

Au 18e siècle, toutes ces fonctions dépendaient directement du Roi et de son administration centrale, dirigée par le Conseil du Roi, les contrôleurs généraux et 34 intendants, tous roturiers. Ils détenaient la réalité du pouvoir : ils décidaient du montant des impôts, la répartition, le recrutement dans l'armée, la construction des routes, la surveillance des réunions, la définition des normes, la répartition des œuvres de charité. Rien ne leur échappait : l'administration des villes et de toutes les paroisses.

Les 20 années qui ont précédé la Révolution furent les plus prospères que le Royaume eût jamais connues. L'on assista alors à la montée en puissance de la bourgeoisie.

La société se transforma rapidement, des idées nouvelles commencèrent à circuler, des inventions scientifiques et des initiatives de toutes sortes virent le jour, mais le dynamisme économique ne profita qu'à la bourgeoisie.

Alexis de Tocqueville écrit: "Les Tribunaux ou les Parlements (de Province), dès qu'ils sont confrontés à un problème qu'ils ne savent pas résoudre parce qu'il est nouveau, le laissent à l'intendant qui détient l'exercice concret et réel du pouvoir. Chaque fois qu'un changement dans la société se produit, ce changement est pour l'administration centrale une source nouvelle de pouvoir."

Je n'entrerai pas dans les détails, je vous invite à lire Alexis de Tocqueville, qui décrit parfaitement la condition paysanne effroyable au 18ème siècle et son aggravation au cours des siècles.

Ne sachant ni lire ni écrire, n'étant pas suffisamment instruits ni suffisamment organisés pour exiger la convocation des Etats Généraux, ils n'étaient représentés par personne, et lorsqu'ils se révoltaient, leurs tentatives étaient systématiquement matées par l'armée. Ils ne furent donc en rien les artisans de la Révolution de 1789, contrairement à ce que nos "historiens" (employés du système) nous l'ont fait croire depuis.

C'est bel et bien la bourgeoisie qui exigea et obtint la convocation des Etats Généraux en 1788. Pourtant, en tant que classe montante, elle avait largement profité de l'Ancien Régime. Elle avait acquis des pouvoirs et de nombreuses exemptions d'impôts. Alors pourquoi les bourgeois se sont-ils rebellés contre le Roi ? Parce que le Roi voulait faire des réformes.

Voici ce qu'il déclarait publiquement 13 ans avant la Révolution:

« En forçant le pauvre à entretenir seul les routes, en l'obligeant à donner son temps et son travail sans salaire, on lui enlève l'unique ressource qu'il ait contre la misère et la faim pour le faire travailler au profit des riches. »

Et oui ! C'est le discours de Louis XVI lui-même!

L'événement déclencheur eut lieu en 1787. Depuis 1774, le Roi tentait vainement diverses réformes. En 1787, il réforma l'administration et la justice. Cette réforme aboutit au chaos. La bourgeoisie qui détenait tous les rouages de la justice et de l'administration refusait de se laisser déposséder de son pouvoir.

Le désordre administratif et judiciaire ralentissait toute l'économie, ce qui aggrava les tensions sociales, d'autant plus qu'en 1787 et 1788, les récoltes avaient été mauvaises. Les rentrées fiscales étaient donc menacées et l'endettement de l'Etat s'aggravait. Louis XVI n'eut pas d'autre choix que de céder aux revendications de la bourgeoisie, mais aussi à celles de la noblesse qui comptait bien en découdre.

Aujourd'hui il est temps de nous affranchir de cette fausse idée que le peuple opprimé se serait soulevé contre les privilèges, et de voir en face la réalité du pouvoir... et des pouvoirs des banquiers et des usuriers, du monde de la finance international, des lobbys etc. Seule la vérité vous affranchira !

NAPOLEON ET LES ROTHESCHILD

L'autre version de notre histoire. En 1750, Mayer AMSCHEL BAUER acheta la banque de son père à Frankfort et troqua son nom de famille pour celui de ROTHSCHILD ? qui signifie : *l'enseigne rouge*. Avait-il honte de son nom qu'il ressentit le besoin de le changer ?

Mayer AMSCHEL eut cinq garçons et cinq filles. Les prénoms de ses fils étaient Amschel, Salomon, Nathan, Kalmann (Karl) et Jacobs (James). Son ascension s'accéléra lorsqu'il obtint les faveurs du *PRINCE GUILLAUME IX de HESSE-HANAU*. Il prit part, en sa présence, à des rencontres de francs-maçons en Allemagne.

Le Prince, ami de la *DYNASTIE DE HA-NOVRE*, avait accumulé une belle petite fortune en louant ses mercenaires de Hesse au roi anglais de Hanovre (ces mêmes troupes qui combattirent plus tard contre l'armée de George Washington dans la "Valley Forge"). Rothschild devint alors le banquier personnel de Guillaume qui, lorsqu'il dût s'enfuir au Danemark à cause des troubles politiques, déposa à la banque Rothschild le salaire de ses mercenaires, soit 600.000 livres. NATHAN ROTHSCHILD (le fils aîné de Mayer Amschel) emporta avec lui l'intégralité de cet argent, qui lui permit d'ouvrir aussi sa propre banque.

L'or qui servit de garantie était issu de la "*East India Company*". Nathan obtint une plus-value de 400% en prêtant de l'argent au DUKE OF WELLINGTON qui finança ainsi ses opérations militaires, et en vendant aussi, plus tard, en toute illégalité, l'or qui devait servir de garantie. Ces transactions furent à l'origine de la fortune gigantesque de la famille Rothschild.

Force est de constater que l'honnêteté n'avait pas sa place au sein de cette famille, puisque par la suite, chaque fils ouvrit une banque dans un pays différent grâce aux nombreux détournement de fonds dont ils se sont rendu coupables.

Amschel à Berlin, Salomon à Vienne, Jacobs à Paris et Kalmann à Naples. Salomon Rothschild était membre des francs-maçons.

Mayer AMSCHEL ROTHSCHILD écrivit son testament dans lequel il indiquait comment la fortune de la famille devait être gérée à l'avenir. La fortune serait administrée par les hommes et ce serait l'aîné qui aurait le pouvoir décisif et trancherait en cas de désaccord. Toutes les tenues de compte devaient rester absolument secrètes, particulièrement pour le gouvernement.

En 1773, Mayer AMSCHEL ROTHSHILD aurait rencontré en secret dans la maison des Rothschild, à Frankfort, douze bailleurs de fonds aisés et influents (**les Sages de Sion**) pour mettre à l'étude un projet qui lui permettrait de contrôler toute la fortune mondiale. Aux dires de Herbert G.Dorsey, ces bailleurs de fonds auraient souligné, entre autres, le fait que la fondation de la "*BANQUE D'ANGLE-TERRE*" avait permis d'exercer une influence considérable sur la fortune anglaise. Ils déclarèrent aussi qu'il serait nécessaire que cette banque exerce un contrôle absolu afin qu'ils puissent créer les bases qui permettraient de contrôler la fortune mondiale. Ils en retinrent les grandes lignes par écrit.

Selon les documents de Dorsey et William Guy Carr " Pawns in the Game ", ce plan aurait finalement été connu sous le nom de " *PROTOCOLES DES SAGES DE SION* ".

Venons-en à présent à ce que l'on pourrait qualifier à juste titre, "le coup fourré" le plus réussi par la famille Rothschild qui avait élaboré, déjà à cette époque, un parfait système d'espionnage et de courrier dans toute l'Europe.

Le 20 juin 1815, un de leurs agents arrivant directement du champ de bataille informa Nathan ROTHSCHILD de la défaite de Napoléon Bonaparte à Waterloo. Nathan se rendit en toute hâte à la Bourse de Londres et fit croire, en vendant toutes ses actions " *English Consul* ", que l'Angleterre avait perdu la guerre. La rumeur s'ébruita si vite que la plupart des actionnaires, pris de panique en pensant tout perdre, s'empressèrent de vendre à leur tour leurs actions " *English Consul* ". Au bout de quelques heures, la valeur des actions était tombée à 5 cents, c'est alors que Nathan les racheta pour une bouchée de pain. Peu de temps après, la nouvelle officielle sur l'issue de la bataille se répandit à Londres. En l'espace de quelques secondes, le cour des " *English Consul* " dépassa la valeur première et ne cessa de monter. Grâce à cette défaite de Napoléon, Nathan obtint le contrôle de l'économie anglaise. En une nuit, la fortune déjà gigantesque des Rothschild s'était multipliée par vingt.

Les Français rencontraient alors des difficultés à se remettre de leur défaite, si bien qu'en 1817, ils conclurent un accord pour obtenir un crédit d'un montant considérable de la Banque française OUVRARD et des BARING BROTHERS de Londres. L'année suivante, la France eut de nouveau besoin d'emprunter, ils écartèrent une fois de plus les Rothschild, ce qui déplut fortement à ces derniers.

Le 5 novembre 1818, le cours des obligations du gouvernement français qui n'avait cessé de monter pendant un an commença soudainement à chuter de manière ininterrompue, ce qui provoqua une certaine tension à la cour du roi Louis XVIII. Les seuls à ne pas en être affligés, et même à en rire, furent les frères Rothschild (Kalmann et Jacob). Ceux-ci avaient acheté, en octobre 1818, une énorme quantité d'obligations du gouvernement français grâce à l'aide de leurs agents et à leurs réserves illimitées, obligations émises par leurs rivaux Ouvrard et Baring Brothers. Le cours des obligations était donc monté, mais le 5 novembre 1818, les frères Rothschild se mirent à inonder le marché libre des principales places commerciales d'Europe d'innombrables obligations, et devinrent aussitôt le "numéro un" en France. Ils bénéficièrent de toute l'attention de la cour française, au-delà même du domaine de la finance.

A Paris, la maison Rothschild s'était emparée du contrôle absolu de l'économie française, et à Londres, Nathan Rothschild, en contrôlant la Banque d'Angleterre, exerçait une influence directe sur le Parlement britannique.

Après la Grande-Bretagne et la France, pourquoi ne pas accroitre d'avantage la fortune familiale en contrôlant également les finances d'une autre grande puissance : les Etats-Unis ?

Les présidents américains Benjamin FRANKLIN et Thomas JEFFERSON étaient farouchement opposés à l'idée qu'une banque centrale privée puisse contrôler la monnaie américaine, malheureusement, après la mort de B. Franklin en 1790, les agents de

Rothschild promurent Alexander HAMILTON au poste de ministre des finances. Celui-ci créa la "*FIRST NATIONAL BANK OF THE UNITED STATES*", la première banque centrale américaine. Elle était structurée comme la Banque d'Angleterre et contrôlée par les Rothschild.

En 1811 prit fin le contrat de la banque avec les Etats-Unis. L'économie américaine était déjà tellement déstabilisée, que le contrat de cinq ans ne fut pas renouvelé. Par la suite, les Rothschild usèrent de leur influence auprès du parlement britannique pour que l'Angleterre exige qu'on lui rende ses colonies en Amérique. Cela entraîna la guerre de 1812-1814. Cette guerre endetta si fortement les Etats-Unis qu'il ne leur restait rien d'autre à faire que de quémander de nouveau des crédits auprès des banquiers (auprès de la banque centrale). En 1836, sous le président Andrew Jackson, elle fut de nouveau remerciée mais reprit sa concession en 1863 et devint en 1913 la "*Federal Reserve Bank*", aujourd'hui plus connue sous le nom de "*banque centrale américaine*".

Pendant la guerre de Sécession (1861-1865),

les Etats du Nord (opposés à l'esclavage) combattaient ceux du Sud (favorables au maintien de l'esclavage).

Avant la guerre, La famille ROTHSCHILD envoya des agents pour renforcer une prise de position "pour l'Union" chez les Etats du Nord, et en même temps d'autres agents Rothschild suscitaient une attitude "contre l'Union" chez les Etats du Sud.

Lorsque la guerre éclata, la banque Rothschild de Londres finança les Etats du Nord et celle de Paris ceux du Sud. Les seuls à avoir gagné cette guerre furent les ROTHSCHILD. Cependant, le président LINCOLN, qui avait percé le jeu occulte des Rothschild refusa, en 1862 et 1863, de leur payer les intérêts qui s'élevaient à des sommes colossales. Il chargea, peu après, le Congrès de faire imprimer les dollars "Green Back" pour payer les troupes de l'Union. La réaction des Rothschild ne se fit pas attendre, ils envoyèrent un de leurs agents, John WILKES BOOTH, assassiner Lincoln le 14 avril 1865. Cet agent fut libéré de prison par les "chevaliers du cercle d'or" et passa le restant de sa vie très agréablement en Angleterre avec une somme rondelette offerte par les Rothschild. Après la mort de Lincoln, les dollars "*Green Back*" furent à nouveau retirés de la circulation et rachetés à un prix ridiculement bas par les banquiers centraux Morgan, Belmont et Rothschild.

Aujourd'hui encore, les dirigeants politiques ont la fâcheuse manie de dépenser plus d'argent qu'ils ne peuvent en soustraire à leur peuple en lui faisant payer des impôts. Les nations et les gouvernements empruntent alors l'argent nécessaire aux banques et provoquent alors ce que l'on appel : la dette publique.

Ce que peu de gens savent, c'est la manière dont les banques récupèrent cet argent et les intérêts si le gouvernement ne peut ou ne veut pas payer.

La solution la plus radicale est la guerre. Il faut savoir que la manière dont les banques financent les gouvernements est identique à une institution de crédit qui prête de l'argent à un client pour qu'il puisse s'acheter ce dont il a besoin, et si le client ne peut plus payer ses traites, la banque procède alors à une saisie.

Le même système est appliqué pour le financement des gouvernements.

Dans l'esprit du banquier, il ne faut pas prêter de l'argent à un seul pays, il faut agir de même avec le pays adverse. Le prêteur doit s'assurer que les deux pays sont d'égale puissance pour qu'en cas de conflit, le financement soit le facteur déterminant. Si un pays ne paie pas, le prêteur menace ce pays de guerre par l'intermédiaire d'un autre pays. Si le premier pays refuse toujours de payer, le prêteur mettra la main sur lui en se servant de l'autre pays qui fera du premier pays son butin de guerre. La maison Rothschild travaille depuis plus de 160 ans d'après ce concept, ce n'est plus un secret !

Après leur succès remporté lors des guerres napoléoniennes, se développa en Europe ce que l'on appelle "l'équilibre des forces". Pour renforcer sa position de "dominant invisible" en Europe, la maison Rothschild dût édifier deux puissances de force presque égale pour assurer l'équilibre des forces. Il était capital de s'assurer que les dirigeants du camp A pouvaient être menacés par les dirigeants du camp B et pour ce faire, il fallait bien entendu financer les deux camps, mais il fallait également créer une troisième puissance qui pourrait servir de police d'assurance, au cas où l'un des pays quitterait les rangs. Ce pays était l'Angleterre de Nathan qui avait acquis la suprématie en Europe.

Il était facile de prévoir la fin d'une guerre, il suffisait d'observer vers quel côté penchait l'Angleterre, car elle se trouvait toujours aux côtés du gagnant. La Couronne, fournissait un *"syndic de saisie royale"* si efficace que la maison Rothschild finit par contrôler la moitié des biens de ce monde. Il est bien connu que celui qui possède une grosse fortune, ne se contente jamais de ce qu'il possède déjà, et cherche toujours à dominer tout ce qui peut l'être !

Leur vient alors l'idée de créer une organisation très secrète et occulte (les Illuminatis), dont l'objectif est d'imposer au plus vite un *"Nouvel Ordre Mondial"*.

CHAPITRE 4

IMPLICATION DES ROTHSCHILD

DANS LES DEUX GUERRES

MONDIALES

Comme la paix n'est pas bonne pour les affaires des Rothschild, ils vont préparer en coulisses, une nouvelle guerre qui va marquer l'histoire. Un bain de sang que le monde n'oubliera pas de si tôt : La Première Guerre Mondiale.

La plupart des historiens sont d'accord sur le fait que la cause de la guerre n'a été qu'un simple différant entre l'Autriche et la Serbie. L'assassinat de l'archiduc Franz Ferdinand qui devait succéder au trône d'Autriche et de sa femme Sophie, exécuté par des Serbes de la société secrète occulte la "*MAIN NOIRE*" à Sarajevo, déclencha la première guerre mondiale. Les puissances invisibles utilisèrent cet attentat pour réaliser la guerre mondiale qu'Albert Pike avait annoncée plus de 40 ans plus tôt.

A cette époque déjà, beaucoup de Juifs qui ne

possédaient pas de terres se virent contraints de voyager dans tous les pays à cause des nombreuses lois antisémites en Europe aux quelles ils se heurtèrent, ainsi qu'à un rejet unanime (y compris de la part des dirigeants français).

A la fin du 19ème siècle, le seul obstacle réel qui empêchait les Illuminatis de contrôler le monde, était la Russie tsariste.

En 1881, Theodor Herzl fonda le "*MOUVEMENT SIONISTE*" à Odessa, en Russie, dans le but de créer une patrie pour les Juifs (Talmudistes-Sionistes) en Palestine.

En 1916, Jacob Schiff, président de la "Khun Loeb & Co.Bank", fut choisi lors d'un rassemblement du "*B'NAI B'RITH*" à New York comme président du Mouvement Sioniste en Russie.

Le 13 janvier 1917, Leon TROTSKI (alias Bronstein) arriva aux Etats-Unis et reçut un passeport américain. Il se rapprocha alors de Jacob SCHIFF. Tous deux discutèrent des troubles sionistes en Russie ainsi que de l'échec du renversement du tsar.

Jacob SCHIFF finança l'entraînement des rebelles trotskistes, composés principalement de Juifs des quartiers de New York. Leur entraînement eut lieu dans la propriété de la "*STANDARD OIL COMPANY*" de ROCKEFELLER au New Jersey. Lorsqu'ils furent assez entraînés pour mener des guérillas, les rebelles trotskistes quittèrent les Etats-Unis munis d'une somme de 20 millions de dollars en or que Jacob SCHIFF leur avait remis. Le bateau à vapeur "S.S. KRITTIANIAFJIOD" les emmenait en Russie pour préparer l'avènement de la "*révolution bolchevique*".

Trotski et Lénine étaient tous deux de mèche, par l'intermédiaire de Bruce LOCKHEART, avec le "*Comité des 300*" (dont je parle plus loin).

La Russie, bien qu'elle possédât la plus grande armée du monde, avait un équipement insuffisant et rustique pour faire face à un grand conflit. Avant que n'éclate la guerre de 1914, la Couronne Britannique (sous-entendons la famille ROTHSCHILD) avait laissé croire à la Russie qu'elle pouvait compter sur son aide totale et de son soutien militaire en cas de guerre.

Au début de la guerre, cette assistance se trouva réduite à 10% des aides données avant-guerre. Il est évident que les détenteurs des monopoles d'argent, en parfait accord avec le plan décrit par Pike, voulaient plonger la Russie dans une situation très dangereuse. Dans le même temps, alors que des millions de Russes étaient déjà tombés dans les batailles, les agents des Rothschild avaient accompli un bon travail, en accentuant la situation déjà désastreuse des Russes.

La philosophie des Illuminati se repaît de misère et d'insécurité, et leurs efforts se virent gratifiés : la scène était libre pour une révolution qui devait survenir à la suite de la défaite subie par les Allemands.

La révolution éclata en février 1917, le Tsar fut renversé et le prince Georgi Luwow se chargea des affaires de l'Etat dans un gouvernement provisoire, qui ne réussit cependant pas à empêcher le pays de sombrer dans la décadence. Le bateau affrété par Jacob Schiff , le "S.S. Kristianiafjord" fut arrêté le 3 avril 1917 par les autorités canadiennes à Halifax, en Nouvelle-Écosse. On aurait pu croire que le plan des illuminati était voué à l'échec, mais Jacob Schiff joua de son influence et de celle de ses amis parmi les Illuminati dans le gouvernement américain et en Angleterre, si bien que le voyage put reprendre.

Arrivé en Europe, Trotski alla directement en Suisse pour y rencontrer Lénine, Staline, Kagonowitsch et Litwinow afin de mettre au point les détails de leur stratégie.

Les conspirateurs se virent alors obligés de résoudre le problème suivant : comment se rendre de Suisse en Russie avec les rebelles et leur armement ?

La solution fut donnée par l'agent des Rothschild, dirigeant de la police secrète allemande : MAX WARBURG. Il les entassa tous dans un wagon de chemin de fer scellé et prit en charge leur traversée jusqu'à la frontière Russe. Lorsque le train s'arrêta pour la première fois en Allemagne, deux officiers allemands y montèrent pour l'escorter sur ordre du général ERICH LUDENDORFF.

Max Warburg était le frère de Paul Warburg, premier président de la "*Federal Reserve Bank*".

En juillet 1917, le complot soutenu par les banquiers internationaux subit un début de revers de fortune, Lénine dut s'enfuir avec quelques autres en Finlande. Par contre, en novembre 1917, leurs efforts furent définitivement couronnés de succès. Si nous prenons en considération le soutien financier qui s'ajoutait à la formation reçue à New York, il n'y a plus de quoi s'étonner.

Lors de la sanglante guerre civile qui succéda à la révolution bolchevique, Lénine était le chef incontesté des activités politiques et Trotski fut chargé de la partie militaire de l'organisation qui était en fait "*l'Armée Rouge*".

Il est utile de préciser que l'Armée Rouge bolchevique sous la direction de Trotski, était l'instrument mortel des banquiers internationaux sous la domination des Rothschild, que la plupart des rebelles sous la conduite de Lénine étaient des Juifs. Le Times écrit ainsi le 29 mars 1919 qu'une des caractéristiques les plus intéressantes du mouvement bolchevique est le haut pourcentage d'éléments non russes dans l'équipe dirigeante. Sur environ trente commissaires, ou dirigeants qui forment l'appareil central bolchevique, 75% pour le moins sont des Juifs.

D'après les écrits du général A. Nechvolodov, les services secrets français ont constaté que Jacob Sciff avait donné directement 12.000.000 de dollars aux révolutionnaires russes. Ce général cite comme autres financiers de la révolution bolchevique : Felix Warburg, Otto Khan, Mortimer Schiff, Jerome H. Hanauer, Max Breitung aux Etats-Unis et Max Warburg, Olaf Aschburg et Jivtovsky en Europe.

L'ambassadeur de l'Empire Russe aux Etats-Unis, Bakhmetiev explique qu'après la victoire bolchevique, 600 millions de roubles en or furent transférés de Russie à l'' *"Khun Loeb Bank"* à New York entre 1918 et 1922. Le livre *"Der plombierte Zug"* (le train plombé) de Michael Pearson prouve que les Allemands avaient mis à disposition (d'après les données du ministère des Affaires étrangères), jusqu'au 5 février 1918, 40.580.997 de Marks allemands pour la propagande en Russie et pour des buts particuliers. Dans le même document, il est dit que le Trésor allemand avait libéré environ 15.000.000 de marks pour la Russie le jour suivant la prise de pouvoir de Lénine. Le massacre sanglant subi par des millions de Russes et l'esclavage de millions d'autres hommes n'a que peu intéressé les banquiers internationaux.

La révolution bolchevique ne fut cependant, pas seulement soutenue par les Etats-Unis et l'Allemagne. L'Ochrana, les services secrets fondés par le dernier tsar, comportaient plusieurs organisations qui assumaient toutes les fonctions usuelles avec leurs agents secrets, leurs agents doubles, leur police secrète, leurs mouchards. L'Ochrana était une association subversive et criminelle, ce qui simplifiait bien entendu le travail des Illuminati. D'énormes sommes d'argent passaient entre les mains des banquiers internationaux, notamment dans celle d'ALFRED MILNER (qui fut responsable, plus tard, du groupe de la "*Round Table*"), pour aller dans le service de l'Ochrana dont beaucoup de membres s'étaient introduits dans le mouvement bolchevique. Des agents de l'Ochrana s'infiltrèrent dans les cercles les plus intimes du parti bolchevique et dirigèrent nombre de leurs activités. L'infiltration fut si importante qu'en 1908, quatre membres sur cinq du comité du parti bolchevique de St-Petersbourg appartenaient à l'Ochrana. Ceux-ci faisaient passer l'argent qu'ils recevaient des banquiers internationaux aux bolcheviques, qui pouvaient alors facilement opprimer les plus forts de leurs adversaires, ainsi que le parti socialiste.

Deux agents de l'Ochrana qui travaillaient pour la Pravda, l'un comme éditeur et l'autre comme directeur financier, les soutinrent à leurs débuts. Ce que beaucoup ignorent encore, c'est que Josef STALINE fut un agent de liaison important entre la police tsariste et les bolcheviques.

Après la chute du tsar en 1917, l'Ochrana fut officiellement dissoute mais elle fut remaniée, jusqu'en 1921, sous le nom de TSCHEKA, en un service secret qui comportait dix fois plus de membres que l'Ochrana auparavant. On lui donna le nouveau nom de *"GPU"*, puis *"OGPU"* et, en 1934, celui de *"NKWD"* (Commission du peuple pour les affaires intérieures). Le "*NKWD*" avait sous son contrôle le système russe des camps de concentration, érigé sous Lénine et qui eut son apogée sous Staline. Les camps étaient une partie de l'économie soviétique et presque la moitié de l'exploitation de l'or et du chrome était basée sur le travail obligatoire des occupants des camps. Jusqu'en 1950, les camps de concentration coûtèrent la vie à environ 4.000.000 d'hommes.

Vous ne saviez pas que les camps de concentration soviétiques, comme ceux d'Adolf Hitler étaient une nécessité imposée par les banques ? La seule première guerre mondiale a donc pu, pour leur plus grande joie, entraîner la mort de 10.000.000 de soldats russes, sans parler des millions de civils. On a enregistré, jusqu'en 1950, environ 40 millions de morts (dues au système communiste), cela représente au total autant de morts que l'ex "RFA" comptait de vivants. Et ce sont seulement les chiffres officiellement déclarés.

La "*Standard Oil*" (de Rockefeller) acheta aux Russes, après la révolution bolchevique, 50% des immenses champs pétrolifères caucasiens, bien qu'ils fussent officiellement nationalisés. En 1927, La Standard Oil construisit la première raffinerie en Russie, passa ensuite un accord avec les Russes pour écouler leur pétrole sur les marchés européens et fit passer 75 millions de dollars aux bolcheviques.

L'instauration du régime de marionnettes sous *LLOYD GEORGE* à Londres provoqua un revirement dans la politique officielle envers le sionisme. Cela rapporta gros lorsque le nouveau ministre des Affaires étrangères, *ARTHUR BALFOUR*, écrivit la lettre suivante, le 2 novembre 1917, à *LIONEL ROTHSCHILD* :

Cher Baron Rothschild

J'ai le plaisir de vous transmettre au nom du gouvernement de Sa Majesté sa marque de sympathie pour les aspirations juives sionistes présentées à l'assentiment du cabinet qui les a approuvées. Le gouvernement de Sa Majesté envisage favorablement l'établissement en Palestine d'un Foyer national pour le peuple juif et emploiera tous ses efforts pour faciliter la réalisation de cet objectif étant entendu que rien ne sera fait qui pourrait porter préjudice aux droits civils et religieux des com-

munautés non juives en Palestine, ainsi qu'aux droits et au statut politique dont les juifs pourraient jouir dans tout autre pays. Je vous serais reconnaissant de porter cette déclaration à la connaissance de l'Organisation sioniste.

Avec mes sincères salutations, Arthur James Balfour.

Le siège central des sionistes à Berlin fut transféré à New-York sous la direction du juge Louis D. Brandeis. Le COLONEL EDWARD M. HOUSE et BERNARD BARUCH furent d'autres agents importants de la BANQUE ROTHSCHILD.

Prêtez une attention particulière à ces noms, ils joueront encore souvent un rôle important. BARUCH fut l'instrument de la campagne des présidentielles de WOODROW WILSON, qui fut couronnée de succès. Quant au COLONEL HOUSE, il fut le plus proche conseiller du président Wilson, il organisa le cabinet d'après les intérêts des Rothschild et dirigea pratiquement tout le Département d'Etat. Ce n'était un secret pour personne : le président Wilson était sous la coupe du colonel House et devint la marionnette idéale entre les mains des Rothschild. Il en donna la preuve concrète en n'opposant aucun veto à la création de la "Federal Reserve Bank" et en demandant l'accord du Congrès pour partir en guerre contre l'Allemagne.

Le Congrès donna aussi son accord à cause de la "forte pression" du peuple. Celui-ci avait été, en fait, manipulé avec les mêmes techniques de propagande, avec le même "social conditioning" propre au Wellington House du RIIA qui avaient été appliqués au peuple anglais auparavant. Le colonel HOUSE participa aussi à cette propagande. En 1916, il usa de sa forte influence, en accord avec les actionnaires de la "Federal Reserve", pour convaincre le peuple américain, grâce à la propagande et à l'aide du président Wilson, qu'il avait le devoir sacré de se servir de la démocratie pour apporter "la sécurité" au monde.

Peu après, les américains entraient en guerre. les Illuminati firent accepter le président Wilson par le peuple américain en lui collant l'étiquette du représentant de la "nouvelle liberté".

La première guerre mondiale fut pour les banquiers "illuminés" une très bonne affaire. Bernard Baruch qui devint président de la "commission de l'industrie de guerre" vit sa fortune initiale passer de 1 million à 200 millions de dollars. L'action suivante de Woodrow Wilson, sur l'ordre du colonel House, fut de faire comprendre au Congrès la nécessité de former la "SOCIETE DES NATIONS" (League of Nations) qui devait devenir plus tard l'ONU. C'était un pas décisif de plus des Illuminati sur la voie qui devait les conduire à la domination du monde. Des Griffin décrit la première guerre mondiale telle que la voient les Illuminati comme suit :

1. La politique étrangère américaine de neutralité dont Georges Washington s'était fait le champion dans son message d'adieux et qui fut reprise dans la doctrine de Monroe, cette politique-là était lettre morte. Un précédent avait été, ainsi, créé grâce à une imposture énorme qui permettait aux banquiers internationaux de se servir de l'Amérique comme outil militaire.

2. La Russie tsariste, souci permanent depuis beaucoup d'années pour les manitous financiers, avait été balayée avec succès de la scène mondiale.

3. La première guerre mondiale avait causé aux Etats impliqués une dette d'Etat d'un montant astronomique. Ces dettes avaient été contractées auprès des banquiers internationaux qui, comme nous l'avons vu, avaient tout organisé et tout mis en scène dès le début. Des "lieux où se joue la guerre" se sont toujours révélés des plus lucratifs pour leurs managers et pour ceux qui les financent.

Il était évident que les ACCORDS DE VER-SAILLES se déroulaient aussi selon les plans des Rothschild. Du côté américain se trouvaient Woodrow Wilson avec ses conseillers et les agents de Rothschild : le colonel House et Bernard Baruch. Du côté anglais, plus exactement du côté de la "Couronne", il y avait Lloyd Georges, membre du "Comité des 300"avec son conseiller SIR PHILIP SASSOON, descendant direct d'Amschel Rothschild et membre du conseil d'Etat secret anglais, le"Privy Concil". La délégation française était représentée par le Premier ministre Clemenceau et GEORGE MANDEL. Mandel, né JEROBEAM ROTHSCHILD, qui fut souvent désigné comme le "Disraeli" français, complétait bien le tableau.

C'est vers le colonel House, à l'apogée de sa puissance à ce moment là, que se tournèrent les regards lors de la conférence de la paix à Versailles. Clemenceau se rendit, un jour chez House alors que justement le président Wilson s'y trouvait. Wilson dut quitter les lieux pour ne pas les déranger et leur permettre d'échanger en toute tranquillité.

Le traité de Versailles est décrit ainsi par Philip Snowden : " le traité devrait satisfaire les brigands, les impérialistes et les militaristes. Il porte un coup mortel à tous ceux qui avaient espéré que la fin de la guerre apporterait la paix. Ce n'est pas un contrat de paix mais, au contraire, la déclaration d'une autre guerre. Il trahit la démocratie et tous ceux qui sont morts à la guerre. Le traité dévoile les vrais buts des Alliés ".

Lloyd George affirme à ce sujet : " nous avons un document écrit qui nous garantit une guerre dans vingt ans. S'ils imposent des conditions à un peuple (l'Allemagne) qui est dans l'impossibilité de les remplir, ils l'obligent alors soit à rompre le traité, soit à faire la guerre. "

Et nous connaissons, depuis, ceux qui avaient manigancé les accords de Versailles et les buts qu'ils poursuivaient. Quelques ignorants peuvent, peut-être, continuer à nier l'authenticité des "Protocoles des sages de Sion" mais même avec la meilleure volonté, on ne peut pas dire que c'est par hasard que les agents de Rothschild se trouvaient présents lors du traité de Versailles.

Les Illuminati provoquèrent la première guerre mondiale pour constituer leur gouvernement mondial qui en découlerait inexorablement. S'il leur avait été possible de le créer après la première guerre mondiale, ils auraient pu s'épargner les suivantes.

Après l'armistice du 11 novembre 1918, Woodrow Wilson et son conseiller, le colonel House, vinrent en Europe avec l'espoir de pouvoir y former un gouvernement mondial en le présentant sous forme de la Société des Nations. Les 14 points de Wilson n'eurent, cependant, pas l'effet escompté, car la faute fut répartie également entre tous, et le plan échoua, c'est pourquoi House rencontra les membres de l'organisation secrète britannique " THE ROUND TABLE " en 1919. Il était devenu évident que pour atteindre leur but, les Illuminati devaient étendre leur réseau. Le RIIA une fois créé en Angleterre, on prit la décision de créer aussi aux Etats-Unis une organisation de front. Pendant la conférence de la paix à Paris en 1919, le colonel House, hôte alors du groupe de la " ROUND TABLE ", rassembla les esprits les plus éclairés du " Brain Trust " de Wilson pour former un groupe qui aurait à s'occuper des affaires internationales.

Ce groupe quitta alors Paris pour revenir à New York et devint en 1921 le " COUNCIL ON FOREIGN RELATIONS " (CFR). Le CFR est constitué d'Américains et comme le RIIA, son noyau central est le groupe de la " ROUND TABLE ". Le CFR et la "COMMISSION TRILATERALE" sont, aujourd'hui, tout en restant dans l'ombre, les organisations les plus influentes aux Etats-Unis. De même, le CFR et le groupe de la " ROUND TABLE " tirent les ficelles de la " J.P. Morgan & Co.Bank ". Il n'est donc pas étonnant que J.P. Morgan lui-même ait joué un rôle important à la fondation.

Le " cercle le plus intime " du CFR est l'ordre " SKULL & BONES ".

Comme la grande majorité des occidentaux, on vous a enseigné que l'Allemagne, plus précisément son "dictateur" de l'époque Adolphe HITLER, fut seul et unique responsable du déclanchement de la seconde guerre mondiale, mais qu'en est-il réellement ? Et si on vous avait menti ?

En janvier-février 1996, paraissait un article dans lequel l'auteur Frans De HOON dénonçait la véritable cause de cette seconde guerre.

Je cite : " C'est l'Amérique et le monde juif international qui nous ont précipités dans la guerre. " (Chamberlin : lettre à sa sœur le 10 septembre 1939).

Une fois la Guerre finie, les vainqueurs (les américains et leurs alliés – français et belges entre autre), ont non seulement occupé l'Allemagne, mais ils ont surtout veillé à ce que l'histoire de ce pays soit écrite selon une seule et même version. Tout comme ce fut le cas pour la première guerre mondiale, seule l'Allemagne devait en endosser l'entière culpabilité. En lui faisant porter le chapeau, l'accusant ainsi de crimes contre l'humanité, ils ont exclu le pays de la sphère des nations dites civilisées et placé par la même occasion des politiciens et responsables politiques de leur choix (des sionistes) aux organes de diffusion, imprégnant les citoyens allemands d'un profond sentiment de culpabilité. Depuis, toute tentative de révision de l'histoire, de dénonciation des vrais coupables est irrémédiablement écartée d'un revers de la main, et jugée comme ayant un caractère de revanche néonazie.

Si vous êtes un tant soit peu curieux, que votre sens de la justice est suffisamment développé, il vous faut consulter les archives de l'Histoire pour découvrir les grandes vérités cachées. Prenons pour exemple le très célèbre Daily Express en date du 24/03/1933, où il est écrit en toutes lettres que le congrès juif mondial a déclaré la guerre à l'Allemagne.

Ensuite, cette déclaration du 07/03/1933 dans le très célèbre NEW YORK Times, faite par Samuel UNTERMAYER président de la " World Jewish Economic Federation " : " *La guerre que nous avons décidé de mener contre l'Allemagne est pour nous une guerre Sainte.* "

Une Guerre sainte qui avait pour but de pousser les milieux financiers de Wall Street à faire en sorte que le rapport entre le dollar et le Reichmarck soit dévalué de 57% au préjudice de l'Allemagne. Il devint dès l'ors impossible à l'Allemagne d'acheter des matières premières, des denrées alimentaires et autres marchandises sur le marché international dominé par le dollar. Pris à la gorge, Hitler n'eut d'autre choix que de réagir rapidement en détachant le Reichmark de l'étalon d'or et introduisit à la place " la valeur travail ". D'où le fameux slogan : " Arbeit mach frei " - " le travail rend libre ".

Il partait du principe que ce n'était pas la valeur or, ou autre valeur, qui était déterminante pour la plus-value d'un produit, mais le travail produit pour le fournir. Soulignons également que par le dictat de Versailles, l'Allemagne ne possédait plus aucune devises, ce qui la plongea dans une misère sans précédents. Ce qui était aussi le cas de nombreux autres pays d'Europe orientale et en Amérique du Sud.

Ayant parfaitement compris ce qui se manigançait contre son pays, Hitler remplaça immédiatement le commerce extérieur basé sur la monnaie par un commerce intérieur basé sur le troc : marchandises contre marchandises, de sorte que les devises tombèrent immédiatement en désuétude.

Rappelons que la première activité économique mondiale était le pétrole, puis les devises, et enfin la drogue. Associées aux nécessaires investissements publics, ces mesures eurent pour conséquences une nette diminution du chômage, ainsi qu'une très forte augmentation avec le commerce des pays concernés. Ce qui, en toute logique, amena stabilité et aisance à l'Allemagne, ce qui fut très mal pris par les puissances de l'Ouest (France – Belgique – Angleterre...).

Les familles Rothschild et Rockefeller redoutaient que le système économique allemand finisse par faire des émules dans le reste de l'Europe et partout ailleurs dans le monde, et qu'il ne supplante ainsi l'empire du dollar et de l'étalon d'or. Les puissants de l'Ouest dirigés et financés par ces deux familles de banquiers, décidèrent alors de préparer la guerre contre l'Allemagne. En Amérique, une campagne d'excitation contre l'Allemagne débuta et le gouvernement se mirent à construire une flotte aérienne pour des bombardements massifs à longue distance : les forteresses volantes. Le programme prévu devait être réalisé pour 1939.

Le 04/05/1935, le diplomate polonais, le Comte Szembeck, informait Varsovie que la campagne d'excitation à la guerre contre l'Allemagne trouvait encore et toujours son point de départ dans les milieux juifs et de la franc-maçonnerie. Le 06/01/1938, il informa du fait que juifs et juifs allemands émigrés attisaient l'opinion contre la nouvelle Allemagne du Chancelier Hitler. Le général britannique Fuller exprima dans un livre paru en 1937, le jugement suivant : *" Le système de financement régnant ne repose pas sur la capacité de production et l'argent en tant que moyen de nouvelle répartition est devenue une marchandise que l'on peut, comme toute autre marchandise, acheter et vendre. "* Autrement dit pour eux, la maladie qui causera la ruine du monde se nomme l'usure. La France et l'Angleterre sont alliées l'une à l'autre parce que toutes deux sont construites sur la puissance de l'argent et se trouvent sous la domination du système bancaire international. L'Allemagne s'étant libérée de cette puissance internationale devient dès l'ors objet de suspicion. Elle opère avec le concept valeur-travail et c'est ce que le monde capitaliste veut éviter à tout prix.

Peu avant sa mort, le gouverneur de la banque d'Angleterre déclara en 1939 :

" Notre société telle qu'elle existe maintenant repose sur la base d'une ploutocratie décadente. La confiance en elle diminue de plus en plus. Comment pouvons-nous, face à l'Allemagne, parler d'une société meilleur, avec plus de justice, aussi longtemps que nous souffrons nous-mêmes de ce mal d'argent ? Le système monétaire est fatal à l'état, il crée la pauvreté et il est la cause majeure de la guerre… "

Kristian Rakowski, qui avait été ambassadeur

de l'URSS à Londres et à Paris, fut impliqué dans un procès staliniens en 1938. Au cours de ce procès il déclara :

" Une des raisons pour laquelle Hitler doit être anéanti est que, intuitivement et en dépit de l'opposition technique de Schacht, il a mis au point un système social dangereux, obéissant à une nécessité, il a écarté le système international aussi bien que le système privé des capitaux. Hitler a été favorisé par le sort. En effet, il ne possède pas d'or et ne pouvait donc prendre pour base le système reposant sur le dollar dans son plan économique de gouvernement. Les seuls atouts qu'il possédait, étaient la compétence technique de travail de sa nation. De la technique et du travail, il a fait son capital. Il y avait dans ce principe quelque chose de si formidablement contre révolutionnaire, qu'il parvint à surmonter dans les plus brefs délais, le chômage de sept millions de techniciens et d'ouvriers."

Rakowski a aussi relevé que le système hitlérien "de la valeur-travail" ne posait pas la base d'une théorie scientifique mais reposait uniquement sur la pratique. Si d'autres nations devaient adopter ce système, il ne faudrait pas longtemps pour que les scientifiques ne trouvent à l'étayer par la théorie. Dans ce cas, plus rien n'arrêterait ce système. Pour prévenir ce danger, il n'y avait que la solution d'une guerre pour anéantir l'Allemagne nazie..." Sebastian Haffner, un allemend émigré en Angleterre a admis, après la guerre, dans son livre (Armrkungen zu Hitler) que le miracle économique de 1933 était bien plus considérable que celui de 1948. Il dit également qu'il n'avait aucun rapport réarmement et que la majorité du peuple allemand soutenait fermement Hitler.

Qu'en était-il en fait de ce réarmement ? Les recherches effectuées après la guerre ont démontré que jusqu'au début septembre 1939, pas une seule nouvelle fabrique d'armement n'a été construite, que l'Allemagne était tout au plus à peine capable de soutenir une guerre de deux mois maximum. Ce qui rappel un peu les soit disant " armes de destruction massives " de l'Iraq. A la lumière de ces constatations, il faut admettre qu'il n'existait aucun plan du côté allemand pour conduire une agression, de conquérir le monde ! D'ailleurs, pourquoi aurait-il voulu anéantir ses relations économiques, politiques et sociales par une guerre ? Après le déclanchement de la guerre et la victoire allemande sur la Pologne, pendant la "drôle de guerre", un entretien diplomatique fut pourtant encore engagé entre le Reich et les puissances de l'Ouest. A la fin de l'automne 1939, les britanniques firent connaître leurs conditions préalables de tout pourparler de paix.

Voici quelles étaient leurs exigences :

1/ Hitler devait être écarté du pouvoir et un nouveau gouvernement devait être formé. Un gouvernement qui réponde aux exigences de l'Angleterre bien entendu.

2/La politique économique et monétaire allemande devaient être immédiatement abandonnées.

3/ L'Allemagne devait revenir à l'or.

Il n'existe plus aucun document pour confirmer ces trois points, mais heureusement qu'il existe des repères convaincants, comme le discours du capitaine J.Creaghscott, qu'il prononça en 1947 : " Lors des échanges de télégrammes de la période de 1939 – 1940, les britanniques se déclarent prêts à négocier la paix si l'Allemagne revenait à l'étalon d'or."

Churchill déclara, pendant les pourparlers relatifs à la charte de l'Atlantique, qu'il rétablirait l'étalon d'or dès que Hitler serait vaincu. La vraie cause de cette guerre a donc été l'abandon de l'étalon d'or par Hitler. Le sort des petits pays comme la Pologne, n'a joué aucun rôle véritable et Chamberlain dans une lettre qu'il écrivit à sa sœur le 10 septembre 1939, alors qu'il était premier ministre, est on ne peut plus précis : *" C'est l'Amérique et le monde juif international qui nous ont précipités dans cette guerre."* Tel est le mot de la fin".

Il s'agissait de rendre pérenne et renforcer la cryptodictature juive mondiale, appelée par aberration sémantique démocratie ".

Il y a bel et bien eu un holocauste de 6 millions de personnes pendant cette guerre fomentée par les juifs, qui avaient déclaré la guerre à Hitler depuis 1933 (voir press U.S.A) comme l'a reconnu lui-même Chamberlain.

Quant au nombre de victimes juives des

camps, ils sont inclus dans le nombre des 150.000, toutes ethnies confondues de 1940 à 1945. Ce chiffre établi par les révisionnistes (Faurisson), n'est pas loin de celui établi par les exterminationnistes (Jean-Claude Pressac) qui annonçait le chiffre de 700.000 juifs au total. Tous les révisionnistes et enquêteurs qui se sont intéressés de très près au sujet, ont annoncé qu'il n'y avait jamais eu 6 000 000 de victimes juives outrecuidamment annoncées depuis la fin de la guerre par les juifs.

Paroles de Hitler recueillies en 1933 par François De BRINON:

- *"On m'insulte en continuant de répéter que je veux la guerre. Suis-je fou? La guerre? Mais elle ne réglerait rien! elle ne ferait qu'aggraver l'état du monde. Elle marquerait la fin de nos races qui sont des élites et dans la suite des âges on verrait l'Asie installée dans le continent et le Bolchevisme triomphant."*

Ce sont en réalité ceux qui voulaient la guerre, qui ne cessaient de clamer que Hitler la voulait, alors que même son système économique en exigeait la négation.

L'Allemagne était un modèle démocratique, de développement autonome structuré, et c'était de cela que le " NOUVEL ORDRE MONDIAL " (entendez par là le SIONISME – les Rothschild – les Rockefeller) voulut se débarrasser. Il est difficile de ne pas faire le parallèle avec l'Irak, la Lybie, la Syrie, la Palestine qui étaient réputés en leur temps pour être des modèles de démocraties, des modèles de développement autonome pour les régions du Proche et Moyen Orient, et ce malgré la guerre menée contre l'Iran (financée par les Rothschild et Rockefeller). Et oui, encore et toujours eux!

CHAPITRE 5

LA CRISE DE 1929

Le 6 février 1929, MONTAGU NORMAN, président de la "BANQUE D'ANGLETERRE", vint à Washington pour tenir conseil avec le ministre des Finances américain ANDREW MELLON. A la suite de quoi la "Federal Reserve" augmenta son taux d'intérêt. Le 9 mars 1929, Paul Warburg communiqua dans la revue des finances "Financial Chronicles" : " *S'il est permis de spéculer sans se mettre des limites, alors l'effondrement total est sûr et certain.* "

Ceux qui comprirent se retirèrent de la Bourse sur la pointe des pieds et investirent dans l'or et l'argent. Des Griffin écrit à ce sujet :

" *Le temps était venu, c'était l'automne 1929, où les banquiers internationaux devaient appuyer sur le bouton qui allait déclencher la Deuxième Guerre mondiale. Après avoir trahi même leurs agents et leurs amis en provoquant artificiellement un boom d'actions, ils détruisirent la base du système et précipitèrent les Etats-Unis dans une profonde crise. Les années suivantes virent le développement économique se ralentir dans le monde entier jusqu'à ce que pratiquement plus rien ne mar-chât. "*

Les Illuminatis se servirent très adroitement du désespoir général causé par la crise pour racheter à bas prix des terrains et des sociétés. Ce fut aussi pour eux une bonne occasion d'accroître leur influence sur le gouvernement américain. Le CFR se mit, comme prévu, à attirer dans ses rangs des éminences du gouvernement, des patrons de l'économie, des managers de la presse et des militaires haut placés.

Ainsi que le devenir de l'Allemagne était déjà déterminé après le traité de Versailles qui obligeait l'Allemagne à payer des réparations d'un montant de 123 milliards de mark-or et à donner annuellement 26% de la valeur de ses exportations. L'effondrement de la monnaie allemande suite à l'exigence des paiements de réparations était donc prévisible. On allait vers l'inflation chronique !

Dans ce chaos, l'Allemagne demanda un ajournement pour tous les paiements de réparations en argent liquide pour les deux années à venir. Les vainqueurs refusèrent la requête. Ils votèrent le 9 janvier 1923 à trois contre un (l'Angleterre vota "non" sur l'ordre de la City) pour déclarer que le Reich allemand était en retard dans ses paiements de réparations. Deux jours plus tard, les troupes françaises et belges occupèrent la Ruhr. Mais les ouvriers allemands en appelèrent à une grève générale dans cette région et l'occupation des Alliés s'avéra être un échec. Les troupes sortirent de cette impasse lorsque l'Allemagne déclara être d'accord pour accepter le compromis connu sous le nom de plan DAWES.

Le "plan Dawes" avait été élaboré par J.P. Morgan, collègue de Rothschild, et devait concéder à l'Allemagne des crédits de 800 millions de dollars les quatre premières années. Le "plan Dawes" échoua lorsque les paiements de réparations de l'Allemagne s'accrurent. Il fut remplacé par le "plan Young" (d'après le nom de l'agent de Morgan, Owen Young). Pour mieux dévaliser le pays, les banquiers internationaux créèrent en Suisse la Banque pour le Règlement International des Comptes. Cela faciliterait les paiements de réparations des dettes de la première Guerre mondiale : il suffisait d'effectuer un virement du compte d'un pays sur le compte d'un autre pays dans la mesure où les deux pays avaient un compte dans cette banque. Dans ce cas aussi, les banquiers se sucrèrent une fois de plus en prélevant des frais et des commissions pour eux.

Le professeur Quigley rapporte : *"Il faut noter que ce système (les plans Dawes et Young) fut instauré par les banquiers internationaux et que le prêt d'argent à l'Allemagne leur rapportait très gros."*

C'est une des meilleures démonstrations du système de Machiavel. D'un côté, les banquiers soutinrent tous les partis en conflit et d'un autre, ils prêtèrent aussi de l'argent aux Allemands pour les paiements des réparations.

Quoi que puisse faire l'Allemagne, on savait bien à qui elle s'adresserait pour emprunter de l'argent. C'était ce même groupement qui avait programmé la première guerre mondiale, l'avait financée, dirigée, pour se remplir les poches.

Mais le jeu alla plus loin. Il fallait réaliser encore de grands projets et poursuivre des buts importants. C'était le tour de la deuxième guerre mondiale ! Les énormes capitaux américains qui furent transférés en Allemagne depuis 1924, sous la couverture du plan Dawes et du plan Young, constituaient la base sur laquelle Hitler allait construire toute sa machinerie de guerre. Ainsi que l'expose le Dr Anthony C. Sutton dans "Wall Street and the Rise of Hitler", l'apport fourni à l'Allemagne avant 1940 par le capitalisme américain en vue de préparer la guerre, ne peut être qualifié que de phénoménal. Il fut, sans aucun doute, décisif pour la préparation militaire de l'Allemagne.

Des preuves permettent aujourd'hui de comprendre que le secteur influent de l'économie américaine était lucide sur la nature du nazisme, prêt à l'aider et à le soutenir financièrement par intérêt personnel, pleinement conscient que cela finirait par une guerre où seraient impliqués l'Europe et les Etats-Unis.

Les preuves établies qui attestent que les milieux bancaires et industriels américains étaient largement impliqués dans la montée du troisième Reich, sont maintenant accessibles au public, il n'est plus possible de plaider l'ignorance. On peut les trouver dans les comptes rendus et les rapports sur les auditions du gouvernement publiés entre 1928 et 1946 par les différentes commissions du Sénat et du Congrès. Parmi les preuves les plus importantes se trouvent celles fournies par le Sous-Comité du Congrès enquêtant sur la propagande nazie "House Subcommitee to investigate Nazi Propanganda" en 1934, par le rapport sur les cartels publiés en 1941 par la Commission économique provisoire nationale du Congrès "House Temporary National Economic Commitee", ainsi que par le Sous-Comité du Sénat pour la mobilisation en 1946 "Senate Subcommitee on War Mobilization 1946".

Seul le Pape Pie XII dénonça la machination, tout en étant le seul représentant de l'humanité de l'avant-guerre à condamner l'idéologie nazie en écrivant l'encyclique "Mit Brennender Sorge". On sait à quel point Hitler et les Illuminati lui en ont voulu. On comprend mieux pourquoi les futurs alliés, complices qu'ils étaient avec les Banques de la famille Rotschild/Bauer, étaient désignés pour encourager et soutenir la montée hitlérienne et la tension aryenne.

Une partie de cette histoire est dévoilée par l'historien G. Edward Griffin : "Les années précédant la deuxième guerre mondiale virent naître un cartel international qui avait son siège central en Allemagne, qui contrôlait l'industrie chimique et pharmaceutique dans le monde entier, et auquel 93 pays coopéraient. C'était une force politique et économique puissante dans certaines parties de la Terre. Ce cartel s'appelait I.G. FARBEN. Les initiales I.G. (Interessengemeinschaft : groupement d'intérêts) signifient simplement qu'il s'agit d'un cartel. Jusqu'à la déclaration de la deuxième guerre mondiale, le groupe I.G. Farben était devenu le konzern industriel le plus important en Europe et l'entreprise de chimie la plus importante du monde. Il faisait partie d'un cartel d'une puissance et d'une grandeur gigantesque, fait unique dans toute l'histoire. I.G. Farben avait développé, en1926, une méthode pour obtenir de l'essence à partir du charbon et conclut donc en 1939 un contrat de licence avec la "STANDARD OILé (de Rockefeller). Cette dernière donna à I.G. Farben 546.000 de leurs actions ordinaires d'une valeur de plus de 30 millions de dollars.

Deux ans plus tard, I.G. Farben signait le contrat ALIG avec Alcoa-Aluminium. I.G. Farben produisait environ la moitié de l'essence allemande et, plus tard, construisit des raffineries juste à côté des camps de concentration. Les prisonniers furent contraints d'y travailler comme des forçats pendant qu'on produisait dans les raffineries le gaz pour les chambres à gaz. Le groupe I.G. Farben était un des plus importants konzerns contrôlés par les Rothschild et écoulait des sommes d'argent énormes dans l'économie allemande et particulièrement aux futurs SS.

Le comité directeur d'I.G.Farben comptait parmi ses membres MAX et PAUL WARBURG (de la Federal Reserve) qui possédaient des grandes banques en Allemagne et aux Etats-Unis. Deux autres membres du conseil d'administration de la "Federal Reserve" et de la "National City Bank", et H.A. METZ de la "Bank of Manhattan".

HERMANN SCHMITZ, président de I.G.

Farben faisait partie, en même temps, du comité directeur de la "DEUTSCHE BANK" et de la "BANQUE POUR LE REGLEMENT INTERNATIONAL DES COMPTES"."

Les frères Averell et Roland HARRIMAN (initiés en 1917 à Skull & Bones) contribuèrent fortement à financer, par l'UNION BANK, les nazis. De même, les filiales d'ITT et de General Electric soutinrent directement les SS du Reich. James Martin, chef du service des affaires concernant la guerre économique au ministère de la Justice, fit des recherches sur l'organisation concernant l'industrie nazie et a rapporté les faits suivants dans "All Honorable Men" :

"Le principal agent de liaison entre Hitler et les barons argentés de "Wall Street" fut HJALMAR HORACE GREELY SCHACHT, président de la banque du Reich, dont la famille était étroitement liée à l'élite des finances internationales. Schacht fut le cerveau du "plan Young" (plan de reconstruction par l'intermédiaire de l'agent Morgan Owen Young) et aussi de la Banque pour le règlement international des comptes. Le plan conçu par Schacht fonctionna à la perfection et contribua à rendre explosifs les événements dans la république de Weimar. DR FRITZ THYSSEN, l'industriel allemand, expliqua qu'il ne s'était tourné vers le parti nazi que lorsqu'il dut constater que pour empêcher l'effondrement total de l'Allemagne, il fallait lutter contre le plan Young. L'acceptation du plan Young et de ses principes financiers accentua de plus en plus le chômage, on compta bientôt un million de chômeurs."

Voilà un sol fertile que la "SOCIETE THULE" n'avait plus qu'à utiliser en se servant de l'outil dont elle disposait en la personne d'Adolf Hitler. Après le Krach en 1931, l'industrie allemande frôla la banqueroute. Fritz Thyssen adhéra officiellement au parti nazi et soutint Adolf Hitler. La plus grande part de sa fortune s'écoula à travers la "BANK VOOR HANDEL" qui, à son tour, contrôla l' UNION – BANK".

L'Union-Bank était une alliance de Thyssen et Harriman. Jetons un coup d'œil sur la liste des directeurs : quatre sur huit étaient membres de "SKULL & BONES" et deux étaient des nazis. Harriman finançait, en même temps, les Soviétiques et les nazis par l'intermédiaire de la "BROWN BROS.HARRIMAN BANK". Un de ses plus proches collaborateurs fut PRESCOTT BUSH, le père de GEORGE BUSH Ier, ex-président des Etats-Unis. Prescott et George Bush sont, tous deux, membres de "SKULL & BONES".

Jusqu'en 1936, plus de 100 firmes américaines furent impliquées dans la construction de la machinerie de guerre allemande. Entre autres la General Motors, Ford, International Harvester et Du Pont. Les investisseurs ne visaient, en tout cas, pas des affaires à court terme puisque le contrat entre ces firmes et le gouvernement allemand stipulait que celles-ci n'avaient pas le droit de sortir un pfennig d'Allemagne. Les profits ne débuteraient que cinq ans plus tard lorsque les Japonais attaqueraient Pearl Harbour entraînant, par ce fait, les Etats-Unis dans la guerre. De toute évidence, tout cela avait déjà été préparé dans les moindres détails. Cependant, seuls les initiés (Illuminati) étaient au courant.

Des Griffin résume les derniers événements ainsi : "Les banquiers internationaux et leurs agents sont à l'origine de la situation qui a conduit à la première guerre; ils en retirèrent un bon butin ; ils financèrent la révolution russe et obtinrent le contrôle de ce grand pays; ils manipulèrent les événements en Europe d'après-guerre de façon à provoquer une situation (selon les propres mots d'Edward Stanton) qui les amena, financièrement parlant, "au septième ciel"; ils utilisèrent des fonds américains qui leur permirent d'empocher d'énormes commissions pour équiper l'industrie allemande d'installations techniques de pointe et l'amener, ainsi, largement à la seconde place au rang mondial".

Pendant qu'ils mettaient sur pied l'industrie allemande tout en luttant dans le même temps contre eux, ils allaient permettre à un homme fort d'entrer sur la scène politique. Celui-ci, à son tour, gagnerait les masses à sa "cause" en leur promettant de les libérer des vautours financiers internationaux.

L'Allemagne des années trente était une bombe à retardement, fabriquée par les banquiers internationaux. Elle était dans l'attente d'une personne telle qu'Hitler qui allait entrer en scène et prendre le pouvoir.

Bien que des centaines de livres aient été écrits sur la tragédie de la Deuxième Guerre mondiale, très peu de personnes connaissent l'arrière-plan réel de cette guerre qui fut la plus onéreuse de tous les temps. L'histoire telle qu'elle est narrée dans les livres d'histoires officiels, n'a qu'une lointaine ressemblance avec ce qui s'est réellement passé, avec les causes et les buts poursuivis. Ce que l'on raconte est exact mais l'autre moitié de la vérité a été omise. Par l'image qu'ils ont donnée de la Deuxième Guerre mondiale, les mass media, eux-mêmes contrôlés, ont fait du bon travail. Ils ont jeté de la poudre aux yeux à tous ceux à qui soi-disant ils obéissent et à qui ils sont censés dispenser information et instruction. Ils sont coresponsables de la confusion lamentable où a été plongée l'opinion publique à propos de la Deuxième Guerre mondiale.

Petit à petit, la lumière se fait jour, et elle nous dévoile aujourd'hui une image plus claire de la réalité. Ce que nous avons de cette guerre, ce sont des données historiques, qui a fait quoi, quand, où, avec qui ?

Mais ceux qui tirent en fait les ficelles ne sont jamais mentionnés.

D'après le pacte d' "Hitler et Staline", la Pologne devait être coupée en deux, point très important pour décapiter un centre de gravité important de la catholicité européenne, ce qu'Hitler réalisa le 01/09/1939.

D'après ce qui était stipulé dans le contrat signé 20 ans plus tôt, et qui allait dans le sens des Illuminati, l'Angleterre et la France avaient l'obligation de se lancer dans les combats aux côtés de la Pologne. Après la drôle de guerre, Chamberlain, catalogué de lâche, fut remplacé par l'ex-sioniste et franc-maçon "Winston CHURCHILL". Ce dernier fut un meilleur partenaire, puisqu'il ordonna aussitôt une attaque aérienne sur l'Allemagne. Les Allemands ne s'étaient pas attendus à une attaque anglaise et n'y étaient donc pas préparés. Plusieurs données laissaient prévoir que l'Allemagne voulait éviter d'entrer en guerre contre l'Angleterre.

Dans un discours en 1933, Hitler démontra

qu'il était possible que le communisme se propage et englobe l'Angleterre et affirma que, si cela arrivait, il aiderait les Britanniques à se défendre s'ils faisaient appel à lui. En outre, les troupes allemandes permirent, le 10 mai 1940, à 335.000 soldats anglais de quitter la plage de Dünkirchen. De plus, Hess, lors de son voyage en Angleterre, avait essayé de réunir les deux plus puissantes nations nordiques, mais Winston Churchill connaissait bien BERNARD BARUCH, qui avait aussi aidé Woodrow Wilson et Roosevelt à accéder à la présidence. Ce fut également BARUCH qui persuada Churchill de soutenir la fondation de l'Etat d'Israël.

Le 23 mai 1939, CHURCILL donna ensuite l'ordre au ministre des colonies (Lord Lloyd) de retirer les troupes anglaises de la Palestine et d'armer et d'aider les Juifs à s'organiser pour leur propre défense.

La majorité des Américains ne voulait plus être mêlée à quelque guerre que ce soit mais les Illuminati étaient d'un avis opposé. Le président américain FRANKLIN DELANO ROOSEVELT (le 32ème président) était grand maître des francs-maçons, membre du CFR, il avait des liens avec la famille Delano et aussi avec le "***Comité des 300***".

Un de ses plus proches collaborateurs était aussi BERNARD BARUCH et il avait des rapports très étroits avec le COLONEL HOUSE depuis au moins huit ans.

Les Illuminati, comme nous pouvons le constater, avait placé leur homme. Il le leur revalut en faisant voter une loi contraire à la Constitution : tous ceux qui possédaient de l'or furent, en effet, obligés de le remettre à la banque avant la fin avril 1933 (sous peine d'une amende de 10.000 dollars ou de 10 ans de prison ou même les deux à la fois). L'or fut payé 20,67 dollars l'once. Quand la plus grosse partie de l'or fut confisquée, le prix de l'or monta jusqu'à 35 dollars l'once. Les "initiés" avaient déposé leur or dans des banques étrangères et le vendirent, évidemment, plus tard, au prix fort.

Le président Roosevelt avait incité les Japonais à entrer en guerre en leur posant un ultimatum de guerre le 26/11/1941 dans lequel il exigeait le retrait de toutes les troupes japonaises d'Indochine et de la Mandchourie. C'est un fait historique, mais c'est aussi un secret bien gardé. L'ultimatum de Roosevelt n'a été intentionnellement communiqué au Congrès américain qu'après l'attaque de Pearl Harbour. Tous étaient d'un avis unanime : les Japonais n'avaient pas d'autre possibilité que de déclarer la guerre, alors qu'ils avaient presque tout fait pour l'éviter.

PRINCE KENOYE, ambassadeur du Japon aux Etats-Unis, avait pourtant demandé à se rendre à Washington ou Honolulu pour y rencontrer Roosevelt et trouver avec lui une autre solution. Il fut même prêt, plus tard, à répondre favorablement aux exigences des Etats-Unis pour éviter la guerre, mais Roosevelt refusa de le rencontrer, puisque la guerre avec le Japon était déjà projetée depuis longtemps, ainsi qu'avec l'Allemagne. C'est au même moment que Roosevelt déclarait au peuple américain : "Je m'adresse à toutes les mères et à tous les pères et je vous fais à tous une promesse formelle. Je l'ai déjà dit auparavant et le redirai sans cesse : Vos "boys" ne seront pas envoyés à la guerre à l'étranger."

L'armée américaine, informée de différentes sources, savait que les Japonais attaqueraient d'abord Pearl Harbour. L'ambassadeur des Etats-Unis à Tokyo, JOSEPH GREW, écrivait dans une lettre à Roosevelt le 27/01/1941 que si une guerre éclatait entre le Japon et les Etats-Unis, Pearl Harbour serait la première cible. Le membre du Congrès DIES avait non seulement indiqué au président Roosevelt, en août 1941, que Pearl Harbour serait la cible, mais lui avait aussi remis le plan d'attaque stratégique avec la carte correspondante. Il fut aussitôt condamné au silence.

De plus, le service secret américain avait réussi en 1941 à décoder les codes diplomatiques et militaires des Japonais. Roosevelt et ses conseillers connaissaient donc à l'avance la date exacte, l'heure et l'endroit de l'attaque.

AL BIELEK, l'un des deux survivants de "l'expérience de Philadelphia", raconta qu'il était alors en poste à Pearl Harbour, mais qu'il fut rappelé une semaine avant l'attaque parce qu'il devait travailler ensuite avec NIKOLA TESLA à "l'expérience de philadelphia". Il apprit alors qu'on l'avait fait revenir à cause de l'attaque sur Pearl Harbour. La base de Pearl Harbour n'a été prévenue que deux heures avant l'attaque. Elle n'y était donc absolument pas préparée et tous périrent lamentablement.

C'était le souhait de Roosevelt, qui pouvait alors faire passer les Japonais pour des "sales porcs perfides" et qu'il était du devoir des Etats-Unis de répondre par des représailles (dont nous connaissons les conséquences).

Pour garantir le succès de leur entreprise, il fallait que les Illuminati aient un serviteur dévoué au poste de commandement en chef de toutes les forces armées des Alliés. La personne idéale pour ce boulot fut le lieutenant-colonel Dwight D. Eisenhower. Sa carrière dans l'armée des Etats-Unis est plus que fascinante, car elle nous permet de voir ce qui peut arriver à un soldat tout à fait ordinaire, quand il dispose de bons "appuis". Eisenhower était, en fait, aussi un ami de Bernard Baruch. En mars 1941, il obtint le grade de colonel. Trois mois plus tard, il était commandant de la 3ème armée américaine. Au bout de trois autres mois, il fut nommé général de brigade. Le

12 décembre de la même année, il participa au projet de guerre au plus haut niveau à Washington. Le 16 février 1942, il fut promu au titre d'adjoint au chef d'état-major de la "War Plans Division". Deux mois plus tard, il en prit la direction. Trois mois après, il recevait le commandement du "European theatre of Operations". Le mois suivant, il était nommé général de division et au bout de six mois général à "cinq étoiles". Le 24 décembre, il était enfin nommé commandant en chef en Europe.

Une fois l'armée allemande chassée de Rome, l'armée américaine du général MARK CLARK y stationna. Au lieu de se diriger vers la Yougoslavie, Vienne, Budapest et Prague, les américains envoyèrent une partie de leurs soldats en Normandie, ce qui coûta la vie à environ 100.000 hommes. Tout cela eut de lourdes conséquences sur le paysage futur de l'Europe de l'Est.

Lors de la conférence des Alliés en 1943 au Québec, le général GEORGE C. MARSHALL fit pression pour que soit signé un accord qui portait le nom de position russe. Il stipulait que la position de la

Russie serait dominante après la guerre. Les hommes officiellement à la tête des Etats-Unis : Roosevelt, Marshall et Eisenhower, avaient reçu des ordres stricts de leurs maîtres : diriger la phase finale de la guerre afin qu'elle se déroule selon les directives des Illuminati, telles qu'elles sont décrites dans les Protocoles des Sages de Sion. On donna donc aux armées russes le temps de gagner du terrain.

Le but principal des Initiés : livrer la catholiques Autrichiens au nettoyage des gardes rouges de 1945 à 1950 (plus de 120 000 consacrés ou engagés chrétiens ont été purgés, liquidés, envoyés en camps de la mort en Sibérie). Ce travail urgent de "purge" prioritaire s'est réglé en deux mois d'occupation sanglante.

C'est en grande partie grâce au gendre du président Roosevelt, le COLONEL CURTIS B. DALL, que l'histoire du commandant GEORGE EARLE fut dévoilée. Earle fut l'ex-gouverneur de Pennsylvanie, ambassadeur américain en Autriche (de 1935 à 1939) et en Bulgarie (de 1940 à 1942). Par la suite, il fut l'attaché naval personnel de Roosevelt à Istambul. C'est à cette époque-là, au printemps 1943, que le chef du service secret allemand, l'AMIRAL WILHELM CANARIS, lui rendit visite. Canaris lui dit que la capitulation sans condition telle qu'elle était exigée par l'Amérique et l'Angleterre, était inacceptable pour les généraux allemands. Cependant, le président américain laissait comprendre que si une démission honorable de l'armée allemande était possible, ils seraient prêts à accepter tout autre accord. L'armée allemande recevrait alors l'ordre d'être envoyée au front de l'Est afin d'y combattre l'Armée rouge.

Peu après, Earle eut un entretien avec l'ambassadeur allemand FRITZ VON PAPEN, qui lui adressa la même requête. Earle réalisa alors que c'était une demande sérieuse de la part de ces ambassadeurs, et il écrivit aussitôt une missive à Roosevelt mais rien ne se passa. Il en envoya une deuxième : Toujours rien. Lorsque Canaris revint quelques jours plus tard pour prendre connaissance de la réponse de Roosevelt, Earle ne put la lui donner. Earle envoya, peu après, un message de la plus grande urgence à Washington. Toujours aucune réponse. Tous deux ne pouvaient savoir qu'une capitulation de l'Allemagne n'était pas souhaitée.

Roosevelt, dans une lettre personnelle du 24 mars 1945, interdit au commandant Earle de rendre public cet incident.

Il existe un livre remarquable qui nous permet de comprendre ce qui s'est passé pendant la guerre. Ce livre est mis complètement à l'écart par les médias, les producteurs de films et la plupart des biblio-thèques. Son titre : "From Major Jordan's Diaries" (Extraits du journal de bord du commandant Jordan).

JORDAN était un vétéran de la Première Guerre mondiale et son expérience militaire le fit ac-céder au poste d'expéditionnaire "Lend Lease" (prêt et location) et d'officier de liaison avec les Russes. Il servit les deux premières années à Newark, au Montana et à partir du 10 mai 1942, à "United Nations Depot N° 8, Lend Lease Division, Newark Airport, New Jersey, International Section, Air Service Command; Air Corps; US Army".

Le COMMANDANT RACEY JORDAN

était l'homme de liaison entre les Etats-Unis et les Russes. Il fut très surpris de l'influence que le colonel russe ANATOLI KOTIKOV exerçait sur l'assistant de Roosevelt HARRY HOPKINS. Dés que les Soviétiques manifestaient un besoin de fournitures spéciales ou autres, un coup de fil de Kotitov à Hopkins suffisait, et la marchandise était aussitôt livrée.

Plus tard, l'attention de Jordan fut portée sur des valises noires, qui apparaissaient à chaque livraison, si bien qu'il ne put s'empêcher d'enquêter, découvrant ainsi des documents sur la fusion nucléaire, une liste des matériaux transportés par avion en URSS, deux livres d'uranium 92 et du deutérium. Dans son journal de bord, il prit alors soin de noter en détails ces incidents, ainsi que bien d'autres.

Un avion s'était, entre autre, écrasé en Sibérie et contenait le matériel nécessaire pour imprimer des billets de banques. Il y avait des plaques, du papier et d'autres ustensiles d'imprimerie. Ainsi, les Russes pouvaient, de même que les Etats-Unis, imprimer pour l'Allemagne les billets qui avaient cours pendant l'occupation ! L'accord "Lend Lease" permit à Staline de recevoir des Etats-Unis 20.000 avions, presque 400.000 camions, deux fois plus de chars qu'il n'y en avait au début de la guerre, des locomotives, des voitures, de la nourriture, du matériel secret, etc.

Pour quelle raison les Etats-Unis ont-ils apporté une aide aux Russes pendant la Deuxième Guerre mondiale ? Nous sommes en droit de nous poser cette question! Nous savons aujourd'hui que les Illuminati étaient les auteurs du régime communiste.

Ils savaient parfaitement ce qu'ils faisaient. Il est facile de se rendre compte que l'URSS était un instrument servant leur plan (celui des Protocoles) pour soumettre de force la Terre entière à leur Nouvel Ordre Mondial.

L'Allemagne n'eut donc pas la possibilité de se rendre, le Japon se vit refuser la même requête. Les Japonais capitulèrent sans condition en mars 1945. Durant ce même mois, le haut commandement Japonais fit connaître à l'ambassade américaine à Moscou, à l'ambassade russe à Tokyo et au Pentagone à Washington que le gouvernement royal japonais souhaitait une capitulation sans condition. Les américains l'ignorèrent . Pourquoi ? Ils prétendirent, après-coup, que le message n'avait pu être décodé. Comment expliquer qu'auparavant, ils aient réussi à décoder tous les autres codes militaires et diplomatique ?

Nous connaissons maintenant la réponse : Les B 29 accomplirent au Japon le grand "massacre" voulu par les banquiers internationaux. D'abord détruire Tokyo, ensuite lancer les bombes atomiques sur Nagasaki et Hiroshima.

Il est important de souligner que la reconstruction du Japon et de l'Allemagne a rapporté des sommes colossales aux banquiers internationaux. Aujourd'hui encore, beaucoup de politiciens du gouvernement allemand sont des pions sur l'échiquier du monde de la finance, comme les Américains, les Russes, la France et tous les pays à travers le monde.

Du point de vue humain, ce fut un désastre sans communes mesures. Du point de vue des Illuminati, ce fut sans conteste un véritable succès. Cette guerre, avec ses 30 millions de morts estimés (Soljenitsine parle de 100 millions), représente à l'évidence une partie du programme d'assainissement mondial des Illuminati, dont le but suprême est la création du "Novus Ordo Seculorum" - du "Nouvel Ordre Mondial" de Weishaupt.

Pour les Illuminati, Lénine était en Russie la personne parfaite. Le communisme a joué le rôle du fleuret dans le déroulement politique et psychologique des événements, c'est- a- dire : que les conspirateurs ont utilisé le communisme pour contraindre les nations occidentales à faire des concessions et à assumer des obligations qui s'opposaient à leurs propres intérêts.

Au début des années vingt, Lénine a annoncé au monde les projets futurs des Illuminati : "Nous occuperons d'abord l'Europe de l'Est, puis tous les pays d'Asie." Leur but fut atteint grâce à la deuxième Guerre mondiale.

Quelques années plus tard, le général Mac Arthur l'avait prédit, ce fut le tour de la majeure partie de l'Asie. La débâcle du Viêt-Nam est un élément de cette action de déblayage.

La Deuxième Guerre mondiale a rapporté encore plus aux Illuminati. Les grandes fissures de l'ancien ordre du monde éclatèrent et les fondements financiers et sociaux de la morale traditionnelle furent balayés.

L'Amérique, dont la sécurité ne fut jamais mise en cause, ni avant ni pendant, pas plus qu'après la guerre, se vit alors prise dans l'engrenage de la politique mondiale, contrainte à renoncer à sa propre politique. Cette guerre coûta aux Etats-Unis 400 milliards de dollars et fit monter la dette de l'Etat à 220 milliards de dollars. Cela rendait les Etats-Unis prisonniers des griffes des banquiers internationaux.

La guerre aplanit le chemin pour l'éveil du socialisme qui se répandit comme une maladie en Angleterre et aux Etats-Unis. Elle prépara aussi la voie pour la création de l'ONU en 1945, dont le siège principal se trouvait sur un terrain donné par ROCKEFELLER à New York. Parmi les membres fondateurs de l'ONU, 47 au moins faisaient partie du CFR.

L'ONU est la plus grande loge franc-maçonnique internationale du monde, comme l'indique déjà clairement son emblème. C'est un symbole franc-maçonnique tout comme le "grand sceau" sur les "billets d'un dollar".

Selon William Bramley, la CIA accepta l'offre de REINHART GEHLEN, chef des opérations du service secret du Reich allemand en Russie, de participer à la construction du service d'information américain en Europe. Beaucoup d'ex-membres des SS appartenaient à l'organisation de "Gehlen". Celle-ci devint une partie importante de la CIA en Europe de l'Ouest et fut à la base de l'appareil des services secrets de la RFA. La CIA tira aussi des informations à partir des documents concernant les procès des criminels de guerre à Nuremberg sur les méthodes psychiatriques des nazis; celles-ci allaient être utilisées des décennies plus tard lors d'expériences douteuses qui visaient à obtenir le contrôle de la conscience.

INTERPOL, organisation policière internationale privée qui lutte contre les criminels et les trafiquants de drogues opérant à l'échelle mondiale, fut dirigée jusqu'en 1972, à plusieurs reprises par d'ex-officiers SS. Quand on sait qu'Interpol fut contrôlée par les nazis pendant la Deuxième Guerre mondiale, on ne s'étonne plus de rien.

La guerre ouvrit la voie pour la fondation de l'Etat d'Israël, comme cela avait été programmé depuis 1871. Les plaies se cicatrisaient lentement en Europe, et l'attention du monde se tourna vers le Proche-Orient où les sionistes étaient en train d'établir l'Etat d'Israël en Palestine. Le meurtre de Lord Moyne par deux sionistes suscita une vive réaction en Angleterre. Lors du congrès sioniste en 1946 à Genève, il fut décidé de recourir au terrorisme pour édifier l'Etat sioniste. C'est ainsi que naquirent nombre d'organisations terroristes en Palestine dont le but était de créer de force l'Etat d'Israël. Les deux plus importantes furent "L'IRGUN ZVAI LEUMI" de Menahem Begin et le "GROUPE STERN" de Yitzhak Shamir. Quand les Arabes firent couler de plus en plus de sang en s'attaquant aux Anglais en Palestine, on fit appel à l'ONU qui décida, le 29 novembre 1947, le partage de la Palestine en deux Etats indépendants : l'un arabe, l'autre juif.

Ce principe du partage d'un Etat pour gouverner nous est bien connu du temps de Rome : "Divide et impera","diviser pour mieux régner". Il est le garant de discordes qui n'en finissent plus.

La séparation suscita des troubles encore plus sanglants obligeant l'ONU à se retirer. Les sionistes en profitèrent pour se partager arbitrairement la Palestine. Le "groupe Stern" et l' "Irgun Zvai Leumi" (sous la direction de Bégin) assaillirent le village Deir Yasin et égorgèrent tous les gens en signe d'avertissement au cas où les Arabes continueraient à résister. Ceux-ci s'enfuirent dans les pays voisins, hormis quelques-uns qui se rassemblèrent sous la direction de Yasser Arafat et de l'OLP.

La déclaration d'indépendance d'Israël le 14 mai 1948 causa de nouveaux désordres. Depuis lors, le Proche-Orient est un foyer fomentant haines et meurtres à la chaîne.

Ce fut la période où le CFR commença à avoir une réelle influence aux Etats-Unis. De vieilles institutions souveraines furent remplacées par des nouvelles au niveau international, telles que l'ONU issue du CFR. D'autres en naquirent plus tard, telles que " l' INSTITUTE OF THE PACIFIC RIM " (IPR) et la "FOREIGN POLICY ASSOCIATION" (FPA). Sur l'ordre de l'IPR, la Chine fut remise par George Marshall aux communistes. Le contrôle exercé par les Illuminati sur l'Union soviétique fut nettement amplifié par la guerre. Des projets, tels que celui de "Lend Lease", et les décisions prises à Yalta par Staline , Roosevelt et Churchill consolidèrent, à leur tour, le système soviétique. La "guerre froide", bien mise en scène, qui s'en suivit entre l'empire soviétique et les nations occidentales renforça la position des Illuminati dans le reste du monde.

Les guerres de Corée et du Viêt-Nam ont été manigancées pour éviter une confrontation directe entre Américains et Russes. En même temps, cela permit de justifier l'existence des "services de sécurité nationale", telle que la CIA (Central Intelligence Agency), la NSA (National Security Agency) et le NSC.

Les opérations cachées de la CIA commencèrent au début des années 50. Les dirigeants des gouvernements des autres pays qui n'étaient pas encore sous le contrôle des Illuminati devaient être renversés et remplacés par ceux que les Illuminati choisissaient.

Quelques sénateurs américains s'en doutèrent et s'étonnèrent, comme le sénateur Mc CARTHY de ce qu'il y ait autant de communistes dans les postes élevés du gouvernement des Etats-Unis. Mc Carthy fonda la "House Hearing on Unamerican Activities" (audition de la "House" sur des activités non américaines) et découvrit alors quelques activités communistes, mais les médias lui jetèrent le discrédit. Voilà une méthode qui assure le succès et qui a fait ses preuves : celle qui met à l'écart les trouble-fête.

Plus tard, McCarthy se mit à enquêter sur la CIA. S'il avait poussé un peu plus en avant, peut-être aurait-il pu éviter l'attentat contre J.F. Kennedy.

Les motifs de l'attentat contre J.F. KENNEDY sont l'objet de violentes spéculations depuis novembre 1963. Nous savons que le jeune président se préparait à choisir sa propre orientation concernant des questions d'une grande importance stratégique, ce qui l'opposait fortement aux puissants intérêts politiques et financiers de l' ESTABLISHMENT. Il était très mauvais "partenaire" et l'une des causes principale de son assassinat fut qu'il renvoya, peu après sa prise de fonction en 1961, le chef tout-puissant de la CIA ALLEN DULLES, qui venait de subir un échec dans "l'opération de la baie des cochons" (il s'agissait d'exilés cubains qui ne purent pas atterrir dans la "baie des Cochons" à Cuba en avril 1961.

Qui plus est, il envisageait le retrait de quelques conseillers américains (Advisors) du Viêt-nam. Il leur donna l'ordre, en effet, de se retirer en octobre 1963. Ce qui gênait aussi énormément les Illuminati fut le fait que Kennedy veuille nettement diminuer les activités militaires de la CIA en Asie du Sud-Est. Il fit savoir, surtout, au Congrès, le 18 juillet 1963, qu'il avait l'intention de mettre en application toute une série de dispositions pour renverser le déficit des paiements des Etats-Unis. Il voulait relancer l'exportation de marchandises industrielles et prélever des impôts sur les avoirs des citoyens américains à l'étranger. Les impôts à payer sur le capital investi à l'étranger se seraient élevés jusqu'à 15% par an. Cela représentait, évidemment, un handicap de plus pour les banquiers internationaux. Kennedy était, à n'en pas douter, l'homme qu'il fallait pour défendre efficacement les droits du peuple.

Autre raison plus importante encore de son assassina, longtemps cachée au monde entier, est liée à la découverte de l'OVNI qui s'était écrasé le 2 juillet 1947 à ROSEWELL, au Nouveau-Mexique.

Après avoir été élu président et avoir été informé du trafic sur OVNI et des projets secrets qui incluaient l'étude des phénomènes paranormaux qui y étaient attachés, il voulut rendre ces informations publiques. Forestal, le ministre de la Défense et membre de Majestic 12, avait déjà essayé d'en faire autant, il fut jeté par la fenêtre de l'hôpital avec un drap de lit autour du cou le 22 mai 1949. Kennedy eut droit à un traitement similaire. Il fut donc assassiné le 22 novembre 1963 à Dallas.

Le premier coup de fusil vint effectivement du toit de l'entrepôt mais il n'était pas mortel. Le coup mortel fut donné par le conducteur de sa propre voiture, l'agent de la CIA William Greer, qui visa la tête de Kennedy avec une arme propre à la CIA.

Quand on regarde au ralenti le film original de l'attentat et qu'on prête attention au chauffeur, il est clair que celui-ci se retourne, l'arme à la main, tire et c'est alors que l'arrière de la tête de Kennedy éclate.

Le premier coup de fusil servit à créer une diversion. (note du C.A.R.L.)

Dans les films projetés dans la plupart des pays occidentaux, le chauffeur n'apparaît pas. Dans une émission de l'ARD (première chaîne de télévision allemande), le "Spiegel TV", on essaya, le 21 novembre 1993, de convaincre les spectateurs que l'attentat n'avait rien à voir avec la CIA alors que RTL diffusait, presque au même moment, un avis contraire. Sans parler des commentaires, on ne montra sur les deux chaînes qu'une seule fois le film en entier. Dans les films suivants, il n'y avait pas de chauffeur, mais celui qui savait où il devait porter son attention pouvait dans le film original reconnaître le chauffeur tirant avec son arme.

John Lear, fils de Lear Aircraft, trouva trois films originaux, entre autres au Japon. Il les fit analyser par un ordinateur pour prouver leur véracité. Lui-même et William Cooper, firent, des conférences aux Etats-Unis où l'on pouvaitt obtenir les films originaux par leur. William Cooper perdit sa jambe droite à cause de ce film, lorsqu'il fut victime d'un attentat en 1973.

La télévision japonaise a, par la suite, diffusé plusieurs fois ces films originaux dans les actualités télévisées aux heures de grande écoute. L'analyse par ordinateur permit d'identifier l'arme et la décrivit comme étant celle d'un calibre spécial employé par la CIA. Quant à la balle, il s'agissait également d'un projectile spécialement conçu par la CIA qui explosa dans le cerveau de Kennedy et provoqua sa désintégration. Avaient participé à la préparation de l'attentat les membres de la CIA Orlando Bosch, E. Howard Hunt, Frank Sturgis et Jack Rubenstein (alias Jack

Ruby).

La CIA épongea, en remerciement, les énormes dettes de jeu de Ruby. Lee Harvey Oswald, qui avait aussi été membre de la CIA, travaillait au moment de l'attentat pour Jack Ruby. Sa mort fut programmée. Jack Ruby le tua avant qu'il ne pût prouver son innocence. Le coupable était trouvé, il ne pouvait plus prouver le contraire.

La CIA haïssait Kennedy. Il était, d'après elle, responsable de la mauvaise tournure que prenaient leurs projets concernant le Viêtnam, Cuba et les manipulations d'OVNI.

Un collaborateur de la CIA, qui avait participé à l'opération de la "Baie des Cochons", dit que toutes les personnes travaillant dans son secteur se levèrent et applaudirent lorsqu'ils apprirent la nouvelle de la mort de Kennedy. Aux auditions devant le comité spécial pour attentats, nombres de ces faits furent dévoilés mais selon la loi de sûreté de l'Etat américain, les archives sont closes jusqu'en 2029.

Tous les témoins de la conspiration furent

tués ou moururent d'un cancer foudroyant qui leur avait été injecté (le chauffeur qui avait tiré, mourut, par exemple, trois semaines après l'attentat).

D'après le "Warren-Commission-Report", rapport officiel de l'attentat contre Kennedy, LEE HARVEY OSWALD aurait été l'unique tueur. C'est ce qu'on pouvait déjà lire neuf heures plus tard dans tous les journaux américains. La conspiration de la CIA et du Comité des 300 fut passée sous silence pour une bonne raison : les Illuminati avaient été très efficaces en contrôlant les agences de presse.

Ceci est un exemple parmi d'autres qui prouve que des nations entières reçoivent pendant des décennies des informations erronées, jusqu'au jour où un chercheur courageux se donne la peine de faire des investigations.

ROBERT F. KENNEDY, le frère de J.F.KENNEDY, qui faisait aussi obstacle aux Illuminati dut mourir le 5 juin 1968, juste avant de gagner les élections présidentielles. Dans ce cas-là aussi, le tueur unique était SIRHAN SIRHAN. Celui-ci était sous l'effet d'une drogue préparée par la CIA pour cette circonstance spéciale. Pour être sûr qu'il ne manquerait pas sa cible, le garde du corps de Howard Hughes avait tiré avec la "balle supplémentaire" que l'on trouva, plus tard, dans la tête de Kennedy. Selon les dires du juge d'instruction s'appuyant sur les preuves balistiques, la bouche de l'arme a dû être éloignée de 5 à 8 cm de la tête de Kennedy. Ceci fut aussi dissimulé au public. Les publications internes du CFR et de l'ordre "SKULL & BONES" contiennent, cependant, ces informations. Vous trouverez en particulier dans le livre de William Cooper "Behold a Pale Horse" l'histoire complète de l'attentat avec les noms, les données et des faits concrets, ainsi que les relations entretenues par les Etats-Unis avec les extra-terrestres.)

CHAPITRE 6

LE FONDS MONETAIRE INTERNATIONAL
(FMI)

De nouvelles instances internationales, telles que le "FMI", la BANQUE MONDIALE et la BANQUE DE COLONISATION INTERNATIO-NALE (Bank of International Settlement), furent créées pour étendre la suprématie de l'économie à la planète entière. Les contributions à payer tous les ans par chaque nation sont de l'ordre de milliards. Si une nation a des problèmes pour régler sa contribution, ce sont les ouvriers et les plus défavorisés qui' s'en res-sentent. Actuellement, le "FMI" cherche, sur l'ordre des banquiers internationaux, des moyens pour con-trôler toute l'économie mondiale.

Le membre du "Comité des 300" HAROLD LEVER fit une proposition connue sous le nom de "PLAN DITCHLEY", la politique financière et mo-nétaire des Etats-Unis passerait, au mépris de la loi, sous le contrôle du FMI. Ce plan permettrait au FMI de réunir dans la Banque mondiale toutes les banques centrales des différentes nations. En 1982, les banques les plus éminentes de Wall Street et le gouvernement des Etats-Unis décidèrent d'un commun accord d'imposer à chaque pays redevable des conditions de remboursements accablantes qui furent mises en place par les "KISSINGER ASSOCIATES INC." (le conseil de direction est composé de Robert O. Anderson, magnat du pétrole et président de l'institut Aspen, de l'ex-secrétaire d'Etat aux Affaires étrangères de Thatcher, Lord Carrington et de Lord Roll of Ipsden, directeur de la "Bank of England" et de la Banque S.G. Warburg).

Le FMI, la "Federal Reserve Bank" et la "Bank of England" doivent assurer le rôle de "police mondiale" pour recouvrer les dettes. L'Amérique a eu l'idée de placer le FMI connu pour son intransigeance au centre de toutes les négociations de dettes. Les conditions du FMI furent élaborées par le représentant du FMI Irving Friedman (cela lui valut une position élevée dans la Citybank).

Les capitaux du Fonds Monétaire International représentèrent pour les pays une sorte d'appât.

Une fois les difficultés d'un pays cernées, les experts du FMI lui montraient ce qu'il fallait absolument changer. Ils déclaraient ensuite au pays endetté que s'il voulait obtenir, ne serait-ce qu'un crédit minime auprès d'une banque étrangère, il devait réduire ses importations au strict minimum. Il devait aussi faire baisser de façon draconienne les dépenses de l'Etat et surtout, arrêter toutes les subventions pour la nourriture de base et autres allocations pour les personnes défavorisées. La condition sine qua non était toujours de dévaluer la monnaie. Ceci, soi-disant, pour que les exportations soient meilleur marché et deviennent compétitives sur le marché mondial. Mais, en vérité, le prix des importations s'élevait et les dettes s'accroissaient. C'était le premier pas.

Le deuxième consistait à obtenir du pays qu'il consente à un vaste programme de conversion des dettes. C'est alors que les banques créditrices s'assuraient de la future mainmise sur le pays endetté. Ils comptaient, de surcroît, des paiements d'intérêts et d'amortissements. Le FMI devint la police économique internationale des grandes banques privées.

L'un après l'autre, les pays devaient négocier les conditions de remboursement avec le FMI et les banques du groupe Ditchley.

D'après les informations de la Banque mondiale, des paiements d'intérêts s'élevant à 326 milliards de dollars et venant de 109 pays débiteurs allèrent dans des banques créditrices privées de 1980 à 1986. Dans la même période, 332 milliards de dollars furent remboursés. C'est ainsi que des dettes de 658 milliards de dollars furent payées alors que le montant originel des dettes n'était que de 430 milliards de dollars. Malgré cela, les 109 pays devaient encore 882 milliards de dollars aux banques créditrices.

Cette action conjointe d'intérêts beaucoup trop élevés, et de cours de change oscillants, plonge les pays dans un entrelacs de dettes magnifiquement inextricable qui profite aux banques.

CHAPITRE 7

LE CONTRÔLE DE L'INFORMATION.

Déjà à l'époque de la Révolution française, les Illuminés de Bavière commencèrent à répandre leur propagande dans des cercles de lecture pour gagner les lecteurs à leurs desseins. Plus tard, au 19ème siècle, quand les Rothschild eurent repris la Banque d'Angleterre à leur compte, ils se servirent du journal juifs "REUTERS" avec la même intention sous-jacente. De même, des éditions de journaux allemands, comme "WOLFF", et français, comme "HAVAS", eurent pour but de créer un monopole international des informations. Le CFR (Council On Foreign Relations) et le RIIA (Royal Institute for International Affairs) furent tous les deux créés par le "Round Table" pour élargir l'influence de celui-ci. Le RIIA avait déjà été imaginé par Cecil Rhodes (homme d'Etat britannique sud-africain et diamantaire millionnaire) qui voulait étendre la domination britannique au monde entier, mais surtout aux Etats-Unis.

Le "social conditioning" du RIIA déjà mentionné est un moyen de contrôler les masses. Cet institut forma le commandant JOHN RAWLINGS REES, technicien militaire, qui inaugura, plus tard, le TAVISTOCK INSTITUTE FOR HUMAN RELATIONS au Sussex, en Angleterre. Le "Tavistock Institute" est le noyau dur de la conduite de la guerre psychologique de l'Angleterre. Comme je l'ai déjà mentionné, les méthodes de Tavistock ont été employées en Angleterre et aussi aux Etats-Unis pour manipuler les masses, en se servant non seulement de la presse, mais aussi de la radio et du cinéma. On peut, à présent, qualifier ces méthodes utilisées pendant des décennies de lavages de cerveau.

Le CFR est en partie responsable de la création de l'ONU qui lui sert d'outil pour accéder au "Gouvernement mondial unique". Selon les données de "SPOTLIGHT" et d'autres sources que j'ai déjà mentionnées au cours de ce livre, le CFR détient actuellement le contrôle total du gouvernement des Etats-Unis, en collaboration avec la "Commission trilatérale". De même, les postes de dirigeants des services d'information sont tous occupés par des membres du CFR. Il s'agit, entre autres, de Reuters, Associated Press, United Press, Wall Street Journal, Boston Globe, New York Time, Los Angeles Time, Washington Post, ABC, NBC, CBS, et RCA. La plupart des journaux internationaux utilisent les mêmes sources. Les homologues allemands du CFR sont les Bilderberger et la "DGAP" (Deutsche Gesellschaft für Auswärtige Politik). Par leur intermédiaire s'y rajoutent, par exemple ; le "Frankfurter Allgemeine", le "Bild-Zeitung" et "Die Zeit" (il y en a sûrement d'autres).

Les membres du CFR, lui-même rattaché au RIIA et au "Comité des 300", détiennent aussi les postes clefs dans les plus grands trusts d'énergie, les appareils militaires et le gouvernement des Etats-Unis. A travers l'influence de la "Round Table", du "Comité des 300", des "Bilderberger", du "RIIA" et du "Club de Rome", la situation est valable aussi pour l'Europe. "Skull & Bones", ordre des Illuminati, forme le "cercle intérieur" du CFR et inclut, de ce fait, d'autres médias : Time-Life, National Review, Minneapolis Star, Atlantic Monthly, Fortune, etc.

En 1880, l'ordre de "Skull & Bones" fonda la "FEDERATION ECONOMIQUE AMERICAINE" et la "FEDERATION AMERICAINE DE L' HISTOIRE". A la fin du siècle dernier, SKULL & BONES avait déjà une influence considérable sur le système éducatif et scolaire. Timothy Dwight était président de l'Université de Yale et les Universités de Cornell et de John Hopkins étaient également dirigées par les membres de Skull & Bones. Incluons dans la liste Mc George Bundy, qui codirigea la guerre du Viêt-nam en tant que conseiller à la sûreté de Kennedy et du président Lyndon Johnson et qui était également doyen de l'Université d'Harvard. Toute information qui va à l'encontre des directives de la "Fédération américaines de l'histoire", donc à l'encontre de Skull & Bones, est bannie du programme de l'enseignement. En Allemagne et dans tous les autres pays du monde, cela se passe de la même façon. En Russie et en ex-RDA, on a enseigné suivant les directives communistes, dites "illuminées" et dans les pays arabes ou juifs suivant les intérêts de ces nations.

Le plus important pour eux était de ne pas éduquer les hommes à penser, à se servir de leur discernement et d'agir de manière autonome. En 1946, la ROCKEFELLER-FONDATION avait investi 139.000 dolars pour donner une version officielle de la Deuxième Guerre mondiale qui, en fait, dissimulait que le régime nazi avait été entièrement édifié par les banquiers des Etats-Unis. Un des principaux donateurs était la "Standard Oil Corp." de Rockefeller.

A l'origine, la "Ford-Foundation" fut fondée grâce aux fonds de l'industrie automobiles de Henry Ford. Mais finalement, des membres de Skull & Bones s'infiltrèrent aussi dans cette fondation et utilisèrent ses biens pour détourner le système scolaire et abrutir le public. Le système scolaire actuel des nations occidentales est également contrôlé par les Illuminati et leurs branches. La plupart des organismes éditant des livres scolaires sont directement financés par des Illuminati. Mc George Bundy, également membre de "Skull & Bones", devint en 1966 président de la fondation Ford et nomma Harold Howe II, membre de Skull & Bones, comme vice-président.

Tout ce qui concernait le département de la recherche et de l'éducation était de son ressort. Des dépenses anormales de fonds de la fondation contraignirent la famille Ford à démissionner...

Les techniques de conduite de guerre psychologique qui avaient débuté dans le *"WELLIGTON HOUSE"* furent perfectionnées dans le *"TAVIS-TOCK INSTITUTE FOR HUMAN STUDIES"*. Ces techniques sont décrites par Edward Bernay :

"Grâce à la croissance démographique, l'action des Illuminati a plus d'ampleur sur la conscience des peuples. A l'aide des services d'information, de la presse, du téléphone et de la radio qui sont tous contrôlés par les Illuminati, des idées et des opinions peuvent être répandues rapidement à travers tout le pays. La manipulation consciente et intelligente du comportement et de l'opinion des masses est un des éléments les plus importants de la société démocratique. Ceux qui se servent de ces mécanismes sont la véritable puissance dirigeante de ce monde."

L'importance du rôle des médias ne fait pas de

doute aujourd'hui. La télévision par exemple, met clairement en évidence comment des messages négatifs, tels que les informations, les films d'horreur et de violence, influence le comportement d'une majeure partie de téléspectateurs. La télévision est, cependant, surtout utilisée pour suggérer des opinions. Comment penser, agir et paraître. Ce qu'il faut avoir pour être "branché" et quelle orientation politique prendre. Hussein est mauvais mais Bush, Clinton, Trump etc. sont bons.

Les médecines parallèles, les découvertes d'avant-garde (énergie, locomotion, santé) et la spiritualité sont des conneries, leurs inventeurs-découvreurs doivent être mis au soupçon et au moins découragés, mais les films pornographiques, le football et les beuveries du week-end ne posent pas de problèmes... Seulement peu de gens osent affirmer qu'ils pensent le contraire. Pour la bonne raison qu'ils risqueraient d'être ridiculisés par d'autres qui ont subi un lavage de cerveau qui est la résultante des "programmes d'éducation" ce qui fit dire à un grand penseur "l'éducation utilisée à des fin de contrôle malintentionné, est la plus grande escroquerie de la matière inerte faite à l'Esprit vivant". (note du C.A.R.L.)

L'originalité de pensée n'est pas seulement anti-conventionnelle, elle s'oppose aussi aux institutions mêmes qui sont les remparts de notre société. Carl G. Jung.

Notre valeur personnelle, ce ne sont pas les autres qui peuvent l'estimer, mais nous. Si nous dépendons des autres pour l'apprécier, cette valeur n'est plus personnelle puisqu'elle est tributaire d'autrui. Carl G. Jung.

CHAPITRE 8
LE CLUB BILDERBERG
LE CLUB DES PUISSANTS.

Les "BILDERBERG" sont une des plus puissantes organisations internationales qui visent à un "Gouvernement mondial unique". En mai 1973, 84 membres des Bilderberger se réunirent à Saltsjöbaden, en Suède, (dans une propriété de la famille des banquiers Wallenberg) avec le but de consolider l'hégémonie défaillante des financiers anglo-américains afin que ceux-ci reprennent le contrôle mondial des opérations financières.

C'est pour cette raison que les Bilderberger eurent recours, de nouveau, à cette arme providentielle qu'est le pétrole qui a déjà fait ses preuves. Ils décidèrent d'augmenter de 400% le prix du pétrole afin de soutenir la monnaie américaine à l'aide des pétrodollars, ce qui s'est effectivement produit (d'après le journal Spotlight).

Il est intéressant de souligner que c'était RO-BERT D. MURPHY qui organisa cette rencontre à

Saltsjöbaden. Il rencontra Adolf Hitler la première fois en 1922 alors qu'il était consul général aux Etats-Unis. Il envoya à Washington un rapport des plus favorables sur sa rencontre avec Hitler et sur les capacités de ce dernier.

Murphy fut en 1944 le conseiller politique dans le gouvernement américain pour l'Allemagne, et en 1945 le conseiller politique du gouvernement militaire américain en Allemagne.

En 1988, la rencontre des Bilderberger, à laquelle participa aussi le chancelier Kohl, eut lieu à Telfz, près d'Innsbruck, en Autriche.

Une autre rencontre eut lieu à Baden Baden du 6 au 9 juin 1990. Un des sujets abordés fut le plan Marshall qui prévoyait 100 milliards de dollars pour soutenir la CEI et qui exigeait, en compensation, que les Etats de la CEI adoptent l'économie libre de marché. Lors de cette réunion, il fut décidé aussi que Saddam Hussein entrerait au Koweït.

Une autre rencontre importante eut lieu à Evian, à l'hôtel Ermitage le 20 mai 1992 en France.

Son principal contenu, dénommé "l'agenda 2000", concernait le gouvernement mondial tel qu'il était prévu jusqu'à l'an 2000. Comme vous le voyez, ce gouvernement mondial est plus actuel que jamais, même s'il n'en paraît rien.

Willy Brandt, mort entre-temps,(et qui était membre des "Bilderberger" et du "Comité des 300", avait écrit un livre intitulé "Nord-sud, ein Überlebensprogramm" (Nord-Sud, un programme de survie) où il décrit un gouvernement mondial mis en place par les Nations unies (d'ici l'an 2000).

La "*ANTI-DEFAMATION LEAGUE*" (ADL) de la "B'NAI B'RITH" est une agence d'espionnage non-officielle à l'étranger qui travaille pour Israël, et qui a porté ces dernières années beaucoup d'accusations contre les enquêteurs, spécialement contre le journal "Spotlight". Elle collabore avec le "*Rite Ecossais des Francs-Maçons*", ce qui pourrait expliquer pourquoi elle opte si nettement pour le maintien du monument d'Albert Pike et s'oppose à l'économiste LYNDON LAROUCHE qui fut plusieurs fois candidat aux élections présidentielles. *LAROUCHE* fut incarcéré le 29 janvier 1989 dans l'Etat du Minnesota en tant que prisonnier politique après avoir été condamné à 15 ans d'emprisonnement suite à un scandale judiciaire mis en scène par l'establishment américain. LaRouche était devenu aux yeux des Illuminati un opposant très gênant, car il avait découvert les enchevêtrements entre l'establishment, le Ku Klux Klan, l'ADL, la B'nai B'rith, le Rite écossais, le CFR, la Commission trilatérale, etc. et eut le tort d'en parler publiquement.

Suite à la propagande largement mise en oeuvre par l'ADL, il passa pour être un extrémiste de droite alors qu'il s'était battu avec acharnement pour que la statue d'Albert Pike (fondateur du Ku Klux Klan) soit supprimée à Washington.

Concernant le président BILL CLINTON (ex-gouverneur d'Arkansas) : le journal "Neue Solidarität" nous informe dans son article sur le Ku Klux Klan que "le prêtre W.O. VAUGHT était un franc-maçon du 32ème degré du Rite écossais (c'est-a-dire "maître du secret royal). Il fut le maître spirituel et le père adoptif de BILL CLINTON et coopéra avec lui.

En tant que gouverneur d'Arkansas, un Etat où est fortement enracinée la tradition spirituelle d'Albert Pike, Clinton soutint la peine de mort et la fit appliquer plusieurs fois : Dans la pratique, cela signifie l'exécution des Noirs et des pauvres. Ainsi que le fils de Vaught le déclarait récemment, Clinton et Vaught ont la même conception religieuse qui permet de tuer des prisonniers et des fœtus (spécialement d'enfants noirs).

Gary Allen écrit à ce sujet :

"Une raison fondamentale pour laquelle on a rayé de l'histoire le rôle joué par les banquiers internationaux dans la politique, s'explique par le fait que les Rothschild étaient juifs. Les antisémites se sont livrés aux mains des conspirateurs en falsifiant les textes des Protocoles, plus exactement en les formulant à l'identique mais en désignant les juifs comme étant les conspirateurs. Les institutions bancaires traditionnelles anglo-saxonnes de J.P. Morgan et Rockefeller ont eu, elles aussi, un rôle primordial dans la conspiration. Néanmoins, on ne peut nier le rôle moteur des Rothschild et de leurs satellites. Il est cependant, tout aussi injuste et absurde de faire porter la faute à tous les juifs de ce dont les Rothschild sont coupables. C'est comme si nous rendions responsables tous les baptistes des actes criminels des Rockefeller. Les juifs parmi les conspirateurs utilisent une organisation qui s'appelle "Ligue anti-diffamatoire" (Anti-Defamation League, ADL); cette organisation leur sert d'instrument pour convaincre tout un chacun que le seul fait de parler négativement des Rothschild et de leurs alliés est une attaque contre les juifs. C'est malheureusement ce motif qui a guidé les Rothschild vers l'organisation victimale du génocide des juifs (plusieurs témoignages de juifs ayant échappé aux camps, attestent que ce sont les initiés de leur propre peuple qui les ont livrés à la Gestapo, et qui avaient programmé le sacrifice des leurs). En agissant de la sorte, les ROTHSCHILD ont réussi à étouffer presque toutes les informations authentiques sur les banquiers internationaux et en faire un sujet tabou dans toutes nos universités."

Aujourd'hui encore, tout individu qui cherche à en savoir plus est aussitôt attaqué par des centaines de comités de l'ADL qui se trouvent dans tous les pays. L'ADL ne se laisse jamais détourner ni par la vérité ni par la logique de sa tactique parfaite de diffamation. En vérité, personne n'est plus en droit d'en vouloir aux Rothschild si ce n'est les juifs eux-mêmes. Les Warburg, une partie de l'empire Rothschild, ont aidé à financer Hitler ("Die Insider", p.51).

Il nous faut, à présent parler du Japon. Le Japon est pour beaucoup de spécialistes le pays le mieux préparé aux changements globaux qui vont être apportés par la technologie au siècle prochain. Qu'il y ait des Japonais éminents dans la COMMISSION TRI-LATERALE ne signifie pas que le Japon est infiltré à 100%. L'élite japonaise est, en effet, englobée si puissamment dans un réseau de loges secrètes nationales que les multinationales anglo-américaines n'ont pu avoir, jusqu'à présent, qu'une moindre influence sur la puissance économique du Japon. C'est ce que montre très bien le livre écrit par AKIO MORITA, chef de SONY et par SHINTARO ISHIHARA, politicien en vue au Japon, intitulé "Le Japon qui sait dire non".

Le livre qui était, au départ, seulement destiné

aux Japonais, fait l'effet d'une bombe ! Il traite les Etats-Unis d'ami indésirable, de pays raciste et laisse à penser que le Japon pense lui rendre la monnaie de la pièce suite aux conditions de capitulation qui lui furent imposées. Les auteurs décrivent les Etats-Unis, vus du côté des Japonais, comme un colosse vacillant pourri du dedans, sur le point de succomber après un coup mortel, sous sa bannière étoilée flottant tel un linceul. Selon eux, le Japon a obligé le système économique américain à capituler de facto. Ces mêmes auteurs disent sans détour ce que jusqu'alors les hommes d'affaires influents au Japon n'osaient exprimer que dans des cercles privés et en catimini : "L'armée américaine a bombardé pendant la Deuxième Guerre des cibles civiles en Allemagne mais ce n'est que sur le Japon, qui était, pourtant, prêt à capituler, qu'elle a lancé des bombes atomiques pour faire des tests et par là même montrer au monde sa force de dissuasion.

Ceci renforce les dires de quelques personnalités éminentes au Japon qui ne cachent pas que les Japonais visent la destruction de l'économie américaine pour venger Hiroshima et Nagasaki. On les entend dire, par exemple : "Le Japon est en guerre avec les Etats-Unis. Nous vaincrons économiquement les Etats-Unis et nous userons de représailles pour nous venger des humiliations que nous ont imposées les Etats-unis dans le Pacifique." (CODE Nr.2, février 1990). D'après un article du "Wall Street Journal" de septembre 1991, presque un tiers des cent plus grandes banques mondiales et quatre sociétés d'assurance parmi les cinq premières du monde sont japonaises. Une grande partie des propriétés foncières de Nouvelle-Zélande, la majeure partie des hôtels et des konzerns de la côte Est australienne et une grande partie des forêts canadiennes appartiennent à des Japonais.

L'avenir nous dira dans quelle mesure les Japonais sont vraiment contrôlés et manipulés par les Illuminati.

L'agence des Etats-Unis pour le développement international (USAID) est encore une autre organisation qui n'est pas ce que l'on croit. D'après le livre "Strategie der Spannung" (La stratégie de la tension) d'Anton Chaitkin et Jessica Primack, elle sert à camoufler les opérations accomplies par les espions de la CIA, et c'est à elle aussi qu'incombe la principale responsabilité des interventions anglo-américaines dans toutes les parties du monde.

Il existe, par exemple, un programme USAID d'un montant de 300 millions de dollars pour contrôler les naissances dans les pays du tiers monde dont la mission principale est de stériliser les populations de couleur (par la vaccination obligatoire).

JOHN TODD, ex-membre du "conseil des 13", décrit ainsi la pyramide : "Le sceau fut créé sur l'ordre de la famille Rothschild à Londres (d'après le livre d'Ayn Raud "Atlas shrugged", il s'agissait de Philippe Rothschild, note de l'auteur). C'est une organisation luciférienne avec, à sa tête les Rothschild. On y trouve des francs-maçons, des communistes et des membres d'autres associations. Cette organisation est très répandue. On y traite de politique et de finances et on y projette l'instauration d'un gouvernement mondial unifié. Cette organisation fera tout ce qui est en son pouvoir pour instituer ce gouvernement mondial même si cela exige une troisième guerre mondiale. Cette organisation s'appelle les "Illuminati",mot qui signifie les "porteurs de lumière".

Todd ainsi que Coralf (Maitreya, le futur maître du monde) décrivent les différents degrés comme suit :

L' "oeil qui voit tout" C'est l'oeil de Lucifer. C'est l'esprit qui guide, l'instance dirigeante inté-rieure."

RT

"C'est la famille Rothschild, le tribunal Roth-schild. Les Illuminati les considèrent comme dieux incarnés et leur parole fait office de loi.

Le conseil des 13

"C'est le grand conseil des druides, les 13 grands druides qui forment la prêtrise privée des Rothschild.

Le conseil des 33

"Y sont représentés les francs-maçons des

rangs les plus élevés du monde de la politique, de l'économie et de l'Eglise. Ils sont l'élite du "Comité des 300". (D'après Todd et Coralf.)

Le comité des 300

Créé en 1729 par la BEIMC (British East India Merchant Company) pour s'occuper des affaires bancaires et commerciales internationales et soutenir le trafic d'opium, le "Comité des 300" est dirigé par la Couronne britannique. Il représente le système bancaire mondial dans sa globalité et compte, en plus, les représentants les plus importants des nations occidentales. Toutes les banques sont reliées aux Rothschild par le "Comité des 300".

Le Dr John Coleman publie dans son livre "Conspirators Hierarchy", les noms de 290 organisations, 125 banques ainsi que ceux de 341 membres actuels ou anciens du Comité des 300 dont il cite quelques noms :

Balfour Arthur Brandt Willy Bulwer-Lytton Edward (auteur de "The Coming Race") Bundy McGeorge Bush George Carrington Lord Chamberlain Huston Stewart Constanti, maison d'Orange Delano, famille Frédéric Delano fut membre du comité directeur de la Federal Reserve Drake Sir Francis Du Pont, famille Forbes John M. Frédéric IX, roi du Danemark George Lloyd Grey Sir Edward Haig Sir Douglas Harriman Averill Hohenzollern, maison des House, Colonel Mandel Inchcape Lord Kissinger Henry Lever Sir Harold Lippman Walter Lockheart Bruce Loudon Sir John Mazzini Giuseppe Mellon Andrew Milner Lord Alfred Mitterand François Morgan J.P. Norman Montague Oppenheimer Sir Harry Palme Olof Princesse Beatrix Rainier, Prince Reine Elisabeth II Reine Juliana Retinger Joseph (Ratzinger ?) Rhodes Cecil Rockefeller David Rothmere Lord Rothschild Baron Edmond de Shultz George Spellman Cardinal Thyssen-Bornemisza, Baron Hans Heinrich Vanderbilt, famille von Finck Baron August von Habsburg Otto von Thurn und Taxis Max Warburg S.G. Warren Comte Young Owen.

Les organisations les plus influentes agissant dans l'ombre sont :

Le Council on Foreign Relations

Fondé par la "Round Table" en 1921, on lui donne aussi le nom de "Establishment", de "Gouvernement invisible" ou de "ministère Rockefeller des Affaires étrangères". Cette organisation à moitié secrète, dont les membres sont exclusivement des citoyens des Etats-Unis, compte parmi les plus influente de ce pays. Le CFR exerce, de nos jours, un contrôle étroit sur les nations occidentales, que ce soit de façon directe, parce qu'il est en relation avec des organisations du même genre, ou que ce soit par l'intermédiaire d'institutions, telles que la "Banque mondiale" qu'il préside.

Depuis sa création, tous les présidents des Etats-Unis, sauf Ronald Reagan, y étaient déjà membres avant leur élection. En revanche, le vice-président de Reagan, George Bush, était membre du CFR. Il en fut même le directeur en 1977.

Le CFR est contrôlé par le syndicat Rockefeller et sert à concrétiser son but : la création d'un "Gouvernement mondial unique". Le cercle le plus intime du CFR est l'ordre de "Skull & Bones".

Skull & Bones

Ses propres membres l'appellent "The Order" (l'ordre). Beaucoup le connaissent depuis plus de 150 ans comme groupe local 322 d'une société secrète allemande. D'autres lui donnent le nom de "Brotherhood of Death" (Fraternité de la mort). L'ordre secret de "Skull & Bones" (traduction mot à mot : crâne et os, ceci est très intéressant, question : quel est l'insigne qui orne les képis des SS ? réponse : un crâne avec deux os croisés à la base du crâne ! Note du C.A.R.L. Emmanuel Xedah. L'ordre "Skull & Bones" fut introduit par William Huntington Russel et Alphonso Taft à l'Université de Yale en 1833. Russel, après avoir été en Allemagne où il fit ses études en 1832, l'introduisit ensuite à Yale. En 1856, il fut incorporés au "Russel Trust". Cet ordre forme, entre autres, le "noyau" (l'élite) du CFR. Le noyau de Skull & Bones, à son tour, s'appelle la "Jason Society". Les familles suivantes dominent cet ordre depuis 1833 : Rockefeller (Standard Oil) Harriman (chemins de fer) Weyerhaeuser (commerce de bois) Sloane (commerce de détail) Pillsbury (minotier) Davison (J.P.Morgan) Payne (Standard Oil)

Issus du Massachusetts : Gilman (1638,Hingham) Wadsworth (1632,Newtown) Taft (1679, Braintree) Stimsom (1635, Watertown) Perkins (1631, Boston) Whitney (1635, Watertown) Phelbs (1630, Dorchester) Bundy (1635, Boston) Lord (1635, Cambridge), (extrait de "Skull & Bones" et "The Two Faces of George Bush", Les deux faces de George Bush, d'Anthony C. Sutton.) Dans ce livre, nous avons suffisamment mentionné que cet ordre est relié à beaucoup d'autres organisations. Il est aussi en rapport avec le groupe de lord Milner "The Round Table" duquel est issu le CFR.

La Round Table

La "Round Table" vit le jour le 5 février 1881 grâce à Cecil Rhodes en Angleterre. Ses membres fondateurs furent, entre autres, Stead, Lord Esher,

Lord Alfred Milner, Lord Rothschild , Lord Arthur Balfour. La structure de ce groupe était comme celle des SS d'Hitler, calquée sur la société de Jésus, l'ordre des Jésuites. Son but principal était d'élargir la domination britannique et l'utilisation de la langue anglaise dans le monde entier. Rhodes visait à un gouvernement mondial pour le biens des hommes mais la "Round Table" fut, plus tard, infiltrée par des agents des Illuminati. Ce groupe est relié aux sionistes par la famille Rothschild ainsi qu'aux familles américaines Schiff, Warburg, Gugenheim et Canergie. Lord Milner en prit, plus tard, la direction. En sont issus le "Royal Institute of International Affairs" (RIIA) et le CFR. Milner est aussi un des membres principaux du "Comité des 300". L' "Institut for Advanced Study" (IAS) pour lequel travaillèrent Robert Oppenheimer et Albert Einstein est issu de la "Round Table". Ceux-ci construisirent, plus tard, pour le IAS la première bombe atomique. L'organisation annexe allemande du RIIA et du CFR est la DGAP, la "Deutsche Gesellschaft für Auswärtige Politik" (Société allemande de politique extérieure). Elle fut fondée le 29 mars 1955 et se proclame indépendante, au-dessus des partis. Ses membres débattent des problèmes politiques et économiques internationaux, et de ceux de l'Europe en particulier. L'influence que la DGAP exerce en Allemagne n'est probablement pas aussi grande que celle du CFR aux Etats-Unis.

Liste en 1981 :

Apel Hans Amerongen Otto Wolff von Bangemann Martin Birrenbach Kurt, président Dohnanyi Klaus von Genscher Hans-Dietrich Kaiser Karl Merkle Hans L. Rosenthal Philip Schmidt Helmut Stoltenberg Gerhard Wagner Wolfgang, éditeur de l' "Europa-Archiv" Weizsäcker Richard von Wischnewski Hans-Jürgen et autres.

Liste de 1992 :

Amerongen Otto Wolff von Dohnanyi Klaus von Engholm Björn Kaiser Karl Lambsdorff Otto Graf Merkle Hans L. Rühe Volker Schmidt Helmut Süssmuth Rita Stolpe Manfred Wagner Wolfgang Waigel Theo et autres (noms extrait de la liste de 1981 et 1992 du DGAP e.V. Bonn. Vous trouverez la liste des membres au complet dans "The Rockefeller File" de Gary Allen). Il est, certes, intéressant de constater que les représentants des différents partis qui délibèrent tous en secret, assis autour d'une table, se lancent le lendemain publiquement les pires injures à la tête. Tout commentaire est superflu !

Le Club Bilderberger est composée de 120 magnats de la haute finance d'Europe de l'Ouest, des Etats-Unis et du Canada. Ses buts principaux, formulés par le prince Bernard, sont l'institution d'un gouvernement mondial et d'une armée globale sous le couvert de l'ONU. On l'appelle aussi le "Gouvernement Invisible". Un comité consultatif composé d'une commission de direction (avec 24 Européens et 15 Américains) décide des personnes à inviter à leurs rencontres.

Seuls sont invités ceux qui ont fait preuve d'une indéfectible loyauté dans les intrigues menées par les Rockefeller et les Rothschild. Cependant, toutes personnes présentes ne sont pas des "initiés", elles peuvent être aussi seulement des représentants d'un groupement d'intérêts ou simplement d'autres personnes.

Voici une liste de quelques représentants internationaux les plus importants qui sont, ou ont été actifs :

Agneli Giovanni patron de Fiat Brzezinski Zbigniew président de la Commission trilatérale et agent Rockefeller le plus important.

Bush George ex-chef de la CIA, ex-chef du CFR, ex-président des Etats-Unis, membre du Comité des 300 Carrington Lord membre du Comité des 300, des Kissinger Associates, ex-président de l'OTAN.

Dulles Allen ex-chef de la CIA Clinton Bill président des Etats-Unis, membre du CFR et de la Commission trilatérale Ford Henry II.

Gonzales Felipe secrétaire général du parti socialiste espagnol et, plus tard, Premier ministre Jankowitsch Peter Kennedy David Kissinger Henry aussi membre de la loge franc-maçonnique P2 italienne.

Luns Joseph ex-secrétaire général de l'OTAN.

Lord Roll of Ipsden ex-président du S.G.

Warburg Group Plc.

Mc Namara Robert Banque mondiale.

Martens Wilfried ex-Premier ministre de Belgique, membre du parti politique CVP.

Palme Olof était aussi membre du Comité des 300.

Reuther Walter P. Rockefeller.

David Rockefeller, John D. Rockefeller Nelson Rothschild.

Baron Edmund de Tindemanns Jan ex-Premier ministre de la Belgique

Warburg Eric D. Warburg Siegmund.

Wörner Manfred OTAN et beaucoup d'autres...

- Noms tirés de : "The Spotlight" : Bilderberger Report, septembre 1991 ; F. William Engdahl : "Mit der Ölwaffe zur Weltmacht", p.366 ; Politisches Lexikon von C.O.D.E. Nr.1/1 et C.O.D.E. Nr

9/1992 ; Stan Deyo : "The Cosmic Conspiracy" (La Conspiration Cosmique) .

La Commission

Cette organisation secrète fut créée en juin 1972 par David Rockefeller et Zbigniew Brzezinski, notamment parce que les organisations bien établies, telles que les Nations unies , n'allaient pas assez vite pour mettre en place le "Gouvernement mondial unique". Les "Big Boys" voulaient que "ça bouge". Cette organisation élitaire a pour but de réunir dans un seul pool les puissances de pointe des géants de l'industrie et de l'économie, c'est-à-dire des nations trilatérales des Etats-unis, du Japon et de l'Europe de l'Ouest, elle vise à créer, une fois pour toute le "Nouvel Ordre mondial". Cette organisation permet à l'élite venant de diverses branches de la franc-maçonnerie de se rencontrer à une échelle mondiale pour collaborer à un travail secret ; elle doit aussi élargir l'influence politique des "Bilderberger". La plupart des membres européens avaient des contacts avec les Rockefeller pendant des années.

Cette organisation se compose d'environ 200 membres qui, contrairement aux Bilderberger, sont permanents. La "Commission trilatérale" contrôle avec les membres du CFR toute l'économie des Etats-Unis, la politique, l'appareil militaire, le pétrole, l'énergie ainsi que les médias. Ses membres sont, entre autres, des patrons de multinationales, des banquiers, des agents immobiliers, des économistes, des politiciens, des avocats, des éditeurs, des dirigeants syndicalistes, des présidents de fondations et des éditorialistes.

Le Club de Rome

Le "Club de Rome" regroupe, d'après Ovin Demaris ("Dirty Business"), des membres de l'establishment international de 25 pays (soit une cinquantaine de personnes). Il fut créé par le clan Rockefeller (dans leur propriété privée à Bellago, en Italie). Ce sont eux qui le financent encore aujourd'hui. Son principal but est aussi de créer un gouvernement mondial en s'appuyant sur l'élite. Il a, de plus, élaboré une religion unique mondiale et a fait croire dans les médias à une "crise de l'énergie" et à un surpeuplement de notre planète. (d'après le livre écrit par le président du Club de Rome : le Dr Aurelio Peccei "L'Humanité à la croisée des chemins", écrit sous forme de dialogue. Note du C.A.R.L.

D'après William Cooper, (ex-agent de la Naval Intelligence, service secret de l'US Navy) le "Club de Rome" aurait développé le virus du SIDA (avec l'antidote correspondant, bien sûr) et l'aurait répandu dans les populations pour introduire le grand programme d'assainissement des races en vue du gouvernement mondial de l'élite (dans le livre de William Cooper "Behold a Pale Horse", vous trouverez des faits et noms précis se rapportant au SIDA). Reportez vous au chapitre sur ce site "à propos du SIDA", la guerre des virus.

Les Nations unies

Lors du congrès des Francs-Maçons du 28 au 30 juin 1917 à Paris, ceux-ci décidèrent de principes directeurs qui furent aussitôt votés : ce fut l'heure de naissance de la Société des Nations qui vit le jour en 1919 à Genève. Les Nations unies naquirent de cette

Société des Nations en 1945 à San Francisco. Cette institution créée par les Illuminati représente la plus grande loge franc-maçonnique du monde où doivent se réunir toutes les nations. Ainsi qu'il est écrit dans l'article 4 de Machiavel qui a été mentionné dans la préface, ses fondateurs furent les instigateurs des guerres menées durant ces deux derniers siècles. Quelle ironie du sort de voir, de nos jours, les hommes de toutes les nations demander aux Nations unies d'aplanir les problèmes, d'arbitrer les guerres et d'y mettre fin ! Pour les peuples, l'ONU est l'ami sur lequel ils peuvent compter pour qu'il "prenne les choses en main". Lors de sa fondation, au moins 47 personnes parmi les délégués américains présents étaient membres du CFR dont David Rockefeller. Il saute aux yeux que l'emblème de l'ONU est un symbole franc-maçonnique. Le globe des Nations unies et la forme circulaire du sceau des USA avec l'inscription "Annuit coeptis" ("notre entreprise, en fait, notre conjuration, est couronnée de succès") et en dessous "Novus Ordo Seclorum" ("Nouvel Ordre mondial") montrent le but poursuivi : celui d'une hégémonie mondiale. Les 33 parcelles du globe des Nations unies et les 33 pierres de la pyramide représentent les 33 degrés du "Rite écossais" des francs-maçons. Le chiffre 13 qu'on retrouve dans les 13 épis à gauche et à droite du globe, dans les 13 marches de la pyramide et dans les 13 lettres des deux mots "Annuit Coeptis" est le chiffre juif de la chance. Ce chiffre 13 est le chiffre le plus important chez les francs-maçons et a différentes significations.

Jésus avait douze disciples et fut lui-même le treizième. Dans la cabale, en numérologie, ce chiffre 13 symbolise la transformation, l'alchimie, la renaissance, le phénix qui renaît de ses cendres, la connaissance des mystères et donc la faculté de matérialiser ou de dématérialiser, c'est-à-dire la faculté de créer à partir de l'éther. Nous avons, de plus, sur le verso du sceau américain le phénix (l'aigle) qui symbolise le chiffre 13, la transformation. Ses ailes ont 13 plumes, ses griffes à droite ont 13 flèches et celles de gauche serrent un rameau de 13 feuilles. Au-dessus de lui se trouve l'inscription "E Pluribus Unum" ("Du multiple à l'un") composée de 13 lettres, surmontée de 13 étoiles présentées sous la forme d'une étoile de David, et sur sa poitrine la bannière aux 13 rayures qui représentent les 13 Etats fondateurs.

Remarque : les stations d'essence Dea des "Centrales électriques de la Rhénanie-Westphalie" (RWE) ont pour symbole une pyramide inversée avec 13 rayures. Une autre station d'essence aux USA s'appelle "76". 7+ 6 = 13. Vous trouverez des centaines d'exemples si vous vous donnez la peine d'examiner les symboles des firmes, les produits, la publicité à la TV, les armoiries d'Etats, les drapeaux, etc. Le plus grand lobby franc-maçonnique aux USA, Procter & Gamble, contient 13 lettres et son emblème est un des plus vieux symboles franc-maçonniques : l'homme à la barbe entouré d'un cercle avec 13 étoiles devant lui. (Vous trouverez plus d'informations sur l'interprétation des symboles dans "Die Insider" de Gary Allen ou dans la littérature franc-maçonnique).

Ce sont les organisations les plus importantes parmi celles que nous connaissons qui touchent à l'économie, à la politique et au capital et qui veulent ériger un "Gouvernement mondial unique".

Un groupe qui est pourtant d'une importance capitale et qui poursuit le même but mais que j'ai passé jusqu'ici sous silence, est l' EMPIRE ROCKE-FELLER. Il a été traité déjà suffisamment dans les deux livres de Gary Allen. Cet empire Rockefeller est la principale source de financement du CFR, de la Commission trilatérale et du Club de Rome.

Quant au Plan des Bilderberg comme tel, quelques-uns des Articles (Morales et Dogmes d'Adam Weishaupt, remis à jour par Albert Pike en 1871) suffisent pour nous donner une idée assez juste de la philosophie de base des Illuminati.

Ces Articles stipulent, entre autre :

- **<u>Article I, Paragraphe 2</u>** : "l'antisémitisme est indispensable pour nous dans l'admiration de plus petit de nos frères."

- **<u>Article XV, Paragraphe I</u>** : "Quand nous hériterons enfin de notre Royaume à l'aide de (Coups d'État) préparés partout pour la même journée ; une fois achevée la chute morale et physique de toutes les formes existantes de Gouvernement ; nous nous ferons le devoir que contre nous, des choses telles que des Complots ne puissent plus exister. Pour cela, nous tuerons sans pitié qui que ce soit prendra les armes en vue de s'opposer à l'établissement de notre Royaume. N'importe quelle sorte de nouvelle Institution, ou quoi que ce soit ressemblant à une société secrète, sera aussi punie de mort ; et les Sociétés qui existent en ce moment, et celles qui nous servent, ou qui nous ont servi, nous devrons les envoyer en exil dans des continents situés loin de l'Europe."

- **<u>Article II, Paragraphe 5</u>** : À travers la Presse, nous avons acquis le Pouvoir d'influencer tout en demeurant dans l'ombre."

- **<u>Article X, Paragraphe 13</u>** : "De manière à ce que notre Plan puisse produire des résultats, nous devrons organiser en notre faveur, les élections de Présidents qui ont déjà quelque faute à se reprocher dans leur passé. Ainsi ils représenteront des Agents de valeur pour l'accomplissement de nos plans, et nous devrons investir le Président du Droit de déclarer « L'État de Guerre », « L'État des Mesures de Guerre.» Nous justifierons ce dernier Droit sur la base que le Président, en tant que Chef des Armées du pays, doit les avoir à sa disposition en cas de besoin pour la Défense de la Nouvelle Constitution Républicaine etc."

- **<u>Article I, Paragraphe 15</u>** : "Notre pouvoir sera encore plus invincible que n'importe quel autre parce qu'il demeurera invisible jusqu'au moment où nous serons suffisamment forts qu'aucune ruse ne pourra jamais le dominer."

- **<u>Article IV, Paragraphe 2</u>** : "Qui ou quoi est en position pour renverser une force invisible ? Et c'est précisément ce qu'est notre force."

- **<u>Article V, Paragraphe 11</u>** : "Il n'y a rien de plus dangereux (pour notre cause) que l'initiative personnelle; de telles initiatives peuvent nous faire plus de tort que pourraient nous en faire des millions de personnes parmi lesquelles nous aurions déjà semé la discorde."

Tous ces Articles confirment que les Illuminati issus de la pensée de Weishaupt sont prêts à tout pour en arriver à :

- L'abolition de tous les Gouvernements Nationaux.

- L'abolition de tout héritage, de tout patrimoine.

- L'abolition de la propriété privée.

- L'abolition du patriotisme.

- L'abolition de la maison unifamiliale, et de la vie familiale en tant que cellule de laquelle proviennent toutes les civilisations.

- L'abolition de toutes les Religions établies et existantes de sorte que, l'Idéologie Luciférienne du Totalitarisme, puisse être imposée à l'Humanité.

Une fois tout cela réalisé ; une fois atteinte la phase finale de la Conspiration, le Gouvernement se composera d'un "Roi-despote", et de quelques millionnaires, économistes et scientistes qui auront prouvé leur dévotion à la cause. Tous les (autres) devront être intégrés, par une insémination artificielle pratiquée à une échelle internationale, à une vaste conglomération d'une humanité métissée. D'ailleurs, Bertrand Russel a lui-même affirmé : "En fin de compte, moins de 30% de la population femelle et 5% de la population mâle sera utilisée pour des buts de reproduction. La Reproduction sera limitée strictement au type et au nombre requis pour combler les besoins de l'État."

1.7 <u>Séductions & Tribulations.</u>

Le plan en 25 étapes.

Ce texte comprenant 25 points différents, fut lu dans son entier en 1773 par Mayer Rothschild, alors âgé de 30 ans, à 12 hommes parmi les plus riches et les plus influents de Frankfort en Allemagne.

Son but était de convaincre ces hommes d'unir leurs ressources pour financer le Mouvement Révolutionnaire Mondial (World Revolutionary Movement (W.R.M.) afin de gagner le contrôle ultime des richesses, des ressources naturelles, et de la main-d'œuvre du monde entier.

<u>LE PLAN</u>:

<u>1) Gouverner par la force</u> :

" Parce que la majorité des Hommes sont enclins au mal plutôt qu'au bien, les meilleurs résultats en les gouvernant pourront être obtenus en utilisant la violence et le terrorisme, et non par des discussions académiques. Au commencement, la société humaine a été sujette à des forces brutales et aveugles qui par la suite furent changées en Lois. Les lois sont uniquement la Force déguisée. Il est donc logique de conclure que " Par les lois de la Nature, le Droit repose sur la force. "

2) <u>La liberté politique</u> :

" La liberté Politique est une idée, non un fait. Tout ce qui est nécessaire pour usurper le pouvoir politique, c'est de prêcher le " Libéralisme. " De cette manière, les électeurs, pour sauver une Idée, abandonneront certains de leurs pouvoirs et de leurs prérogatives que les Conspirateurs pourraient rassembler dans leurs mains. "

3) <u>Le pouvoir de l'or</u> :

" Le pouvoir de l'Or a usurpé le pouvoir des Souverains Libéraux depuis 1773. Il y eut un temps où la Foi gouverna, mais lorsque la Liberté fut substituée à la Foi, les peuples ne surent pas l'utiliser avec modération. À cause de ce fait, il fut logique d'assumer qu'ils pourraient utiliser l'Idée de Liberté pour en arriver à la " Guerre des Classes. " Cela n'a aucune importance que le Gouvernement établi soit détruit par des ennemis intérieurs ou extérieurs, tout simplement parce que le vainqueur sera obligé de recourir à l'aide du Capital qui est entièrement entre nos mains. "

4) La comédie politique :

" Ceux qui désirent gouverner doivent avoir recours à la ruse et au mensonge, parce que les grandes qualités nationales, telle que la Franchise et l'Honnêteté, sont des vices en politique. "

5) La force est notre « Droit » :

" Notre Droit repose dans la Force. Le mot " Droit " est une pensée abstraite, et ne prouve rien. "

6) Le pouvoir invisible :

" Le Pouvoir de nos ressources doit rester invisible jusqu'au jour où aucune Ruse, ni aucune Force ne pourra nous le ravir, ou le détruire. "

7) L'usage du despotisme :

" Uniquement un gouverneur despotique pourra gouverner la populace d'une manière efficace, parce que, sans le despotisme absolu, il ne peut y avoir d'existence pour une civilisation qui était, non sous la conduite des masses, mais sous celle de leurs Guides… Le jour où les masses s'emparent de la Liberté dans leurs mains, cela tourne rapidement à l'anarchie. "

8) L'usage de la corruption :

" L'usage de liqueurs alcooliques, de drogues, de corruption morale, et de toutes les formes de vices, doit être systématiquement encouragé par nos Agenturs pour corrompre la morale de la jeunesse des Nations. Des Agenturs spéciaux doivent être entraînés en tant que Tuteurs, laquais, gouvernantes, commis, et par nos femmes dans les lieux de perdition visités par les Goyim. "

9) Abolition de la propriété :

" Nous avons le droit de saisir la propriété par

n'importe quel moyen, et sans hésitation, si en le faisant, cela nous assure de la soumission et de la souveraineté." Au 20ème siècle, l'utilisation exagérée des Taux d'Intérêts représente une manière soi-disant propre de déposséder les gens de ce qui leur appartient.

<u>10) L'usage des slogans</u> :

" Dans les temps anciens, nous fûmes les premiers à mettre les mots "Liberté, Égalité, Fraternité", dans la bouche des masses. Mots répétés jusqu'à ce jour par de stupides perroquets ; des mots dont les prétendus Hommes-sages appartenant aux Goyim ne pourraient pas comprendre le sens à cause de leur degrés d'abstraction ; de même qu'ils ne pourraient pas non plus en noter, ni la contradiction, ni en comprendre leur interrelation. Il n'y a pas de place dans la nature pour l'égalité, la liberté et la fraternité. Sur les ruines de l'aristocratie généalogique et naturelle des Goyim, nous avons érigé l'Aristocratie de l'Argent. La qualification pour décrire cette aristocratie, est Richesse, Abondance, qui dépendent de nous."

11) **<u>Théories de guerre</u>** :

(Principe décrit en 1773, et utilisé par l'Angleterre et les Etats-Unis en 1939. "Cela devrait être la politique de ceux qui fomentent les guerres, mais dirigent les Conférence de Paix : qu'aucun combattant ne puisse obtenir de gains territoriaux... Les guerres devraient être conduites de manière à ce que les Nations engagées dans le combat soient enfoncées plus profondément dans leurs dettes, ainsi que dans le pouvoir de nos Agenturs."

12) **<u>L'asservissement de l'administration</u>** :

"Nous devons utiliser notre richesse pour choisir des candidats dans les Affaires Publiques (des Fonctionnaires) qui seraient asservis, et obéissants à nos commandements ; de manière qu'ils pourraient être rapidement, promptement utilisés comme pions dans nos parties, par les hommes ingénieux et connaissant que nous désignerons pour opérer derrière les scènes des Gouvernements en tant que aviseurs Officiels (Official Advisers)."

13) <u>Contrôle de l'information publique</u> :

" Notre richesse combinée pourrait contrôler toutes les issues de l'Information Publique pendant que nous pourrions rester dans l'ombre, et nullement blâmés malgré les répercussions dues à des publications de mensonges, de calomnies ou de diffamation. Chaque victime dans nos rangs doit se payer par un millier du côté des Goyim. "

14) <u>Le mensonge des Agenturs</u> :

" En exécutant les criminels et les lunatiques après qu'ils aient réalisé la préparation de notre "Règne de Terreur", nous pourrons alors nous montrer en tant que Sauveurs des opprimés, et protecteurs des travailleurs. Nous sommes d'ailleurs intéressés uniquement dans ce qui est à l'opposé… dans la réduction du nombre dans le massacre des Goyim."

15) <u>Création des crises économiques</u> : "La création du chômage et de la faim imposée sur les masses à cause du pouvoir que nous avons de créer des pénuries alimentaires ; cela créera le "Droit pour le Capital" de gouverner plus sûrement encore que ce

ne l'était pour la vraie Aristocratie, ou par l'autorité légale des Rois. En ayant nos Agenturs pour contrôler les masses, ces mêmes masses pourraient par la suite être utilisées pour nous débarrasser de tous ceux qui osent se placer à travers notre route."

16) <u>Infiltration de la Franc-maçonnerie continentale</u> : "Notre but serait de prendre avantage des facilités et du secret que la franc-maçonnerie a à offrir. De cette manière, il nous serait possible d'organiser nos propres Loges du Grand Orient à l'intérieur même de la franc-maçonnerie Bleue avec l'intention bien arrêtée de poursuivre nos activités subversives, tout en cachant la vraie nature de notre travail sous le couvert de la philanthropie. Chaque membre initié dans nos Loges du Grand Orient devrait être utilisé pour la diffusion, la propagation de leur Idéologie Athéiste-Matérialiste parmi les Goyim Lorsque l'heure sonnera pour notre Seigneur-Souverain de tout l'Univers d'être couronné, ces mêmes mains balaieront tout ce qui oserait se tenir à travers sa route. "

17) <u>L'usage des promesses</u> : "Nos Argentures devraient faire les promesses les plus somptueuses aux masses en utilisant des mots (slogans) tels que Indépendance et Liberté, les Goyim pourraient être excités sur une telle lancée de ferveur patriotique que nous pourrions même les pousser à se battre contre les Lois de Dieu et Naturelles. Et pour cette raison qu'après avoir obtenu le contrôle, nous pourrons effacer du "Lexique de la Vie, le nom même de Dieu."

18) <u>Plan de guérilla urbaine/guerre révolutionnaire</u> : "L'art des batailles de rue. Un modèle pour le " Règne de Terreur " tout cela doit accompagner chaque effort révolutionnaire parce que c'est la route la plus économique pour amener les populations à une rapide soumission."

19) <u>Utilisation de la diplomatie</u> : "Nos Argentures, déguisés en aviseurs politiques, financiers et économiques, pourront faire appliquer nos mandats sans craindre d'exposer ceux qui composent "La Force Secrète", ceux qui se cachent derrière les Affaires Nationales et Internationales. Par la Diplomatie secrète, nous devons atteindre un tel Pouvoir de contrôle que les Nations ne pourront même pas en venir à une entente secrète sans que nos Agents y soient déjà impliqués d'une manière ou d'une autre."

20) <u>Banqueroute politique et Gouvernement mondial</u> : "Pour atteindre ce but, il sera nécessaire d'établir d'immenses monopoles, réservoirs de telles fortunes colossales, que même les plus grandes fortunes des Goyim, étant obligés de dépendre de nous pour s'agrandir, devront s'effondrer toutes ensembles avec le crédit de leurs Gouvernements le jour suivant la grande déconfiture, la banqueroute politique du siècle."

21) <u>L'utilisation des guerres économiques</u> : "Comment s'emparer des propriétés privées et des industries appartenant aux Goyim ? Par la combinaison de Taxes très élevées et de compétition déloyale, injuste, nous pourrons provoquer la ruine économique des Goyim en ce qui concerne leurs intérêts financiers Nationaux aussi bien que leurs investissements. Sur le plan internationale, en augmentant les prix démesurément, les Goyim s'élimineront eux-mêmes des différents marchés. Cette élimination pourrait être complétée par un contrôle soigneux, précis des matières premières ; par l'agitation organisé parmi les travailleurs sur la base réduction d'heures de travail et d'augmentation de salaire ; et par des subventions accordées aux compétiteurs. Mais nous devons organiser nos affaires, et contrôler les conditions de manière que l'obtention, par les travailleurs, de salaires plus élevés, ne pourra en aune manière leur profiter."

22) <u>L'augmentation du nombre d'armements</u> : "L'augmentation des armements en vue de pousser les Goyim à s'entre-détruire entre eux, devrait être poussée jusqu'au stade tellement colossal, qu'en analyse finale, il ne resterait plus dans le monde que les masses prolétariennes, et avec elles, quelques millionnaires dévoués à notre cause. Et suffisamment de policiers et de soldats vivants pour protéger nos propres intérêts."

23) <u>Composition du Nouvel Ordre Mondial</u> : "Les membres de l'Unique Gouvernement Mondial seraient nommés par le Dictateur. Il prendrait ses hommes parmi les Scientistes, les Économistes, les Financiers, les Industriels et parmi les millionnaires parce qu'en substance, tout se fera à partir de la question des Personnalités (c'est-à-dire, de la présentation extérieur)."

24) <u>La corruption de la jeunesse</u> : "Nos Argentures devraient s'infiltrer dans toutes les classes, à tous les niveaux de la Société et du Gouvernement, dans le but de duper, d'obnubiler, de corrompre les membres les plus jeunes de la Société en leur enseignant des théories et des principes que nous savons être faux."

25) <u>Lois Nationales & Internationales</u> : "Les lois nationales et internationales ne devraient pas être changées, mais devraient plutôt être utilisées telles quelles dans le but de détruire la civilisation des Goyim, et cela simplement en retournant le sens de celles-ci de manière à les plonger dans des contradictions d'interprétations. Dans un premier temps, ce travail de falsification nous permettrait de masquer le Sens premier de la Loi, puis, dans un deuxième temps, cacher le Sens premier de toutes les Lois. Notre but ultime étant, évidemment, de remplacer la Loi par L'Arbitrage."

Conclusion : "Vous pensez que les Goyim auront raison de nous par la force des armes, mais à l'Ouest nous avons contre cette possibilité, une Organisation d'une terreur tellement effrayante, que le cœur le plus robuste tremblerait, fléchirait. Les Corridors Souterrains seront établis dans les capitales et dans les villes de tous les pays bien avant que ce genre de danger puisse nous menacer."

Amschel Mayer Rothschild termina son discours de 1773 en faisant ressortir que si des précautions appropriées étaient prises, personne ne pourrait jamais découvrir leur relation avec le Mouvement Révolutionnaire Mondial.

Comment peut-il être prouvé qu'une Réunion secrète s'est tenue à cette époque précise ? Comment est-il possible de prouver quels sont les points qui furent discutés à une telle Réunion ?

En 1785, le coursier voyageant de Frankfort à Paris, et transportant sur lui le détail des Plans destinés aux Mouvements Révolutionnaires en général, ainsi que des instructions pour la Révolution Française déjà préparée, fut frappé par un éclair en traversant Rastibon, et mourut sur le champs. Les documents qu'il transportait tombèrent alors dans les mains de la police qui les remit au Gouvernement Bavarois de l'époque. Les instructions transportées par le coursier, provenaient des Illuminati Juifs d'Allemagne, et étaient adressées au Grand Maître des Maçons du Grand Orient de France...

Le complot contre les Juifs, boucs-émissaires des Illuminati.

Le Protocole des Sages de Sion/Zion, ne fut pas écrit par un ou des Juifs. Les origines de la rédaction de ce document remonte loin, semble-t-il, dans l'histoire humaine. Parce que la politique des Directeurs des Illuminati est de travailler dans l'ombre, et de ne jamais permettre à quiconque, si possible, de les identifier ou de prouver leurs relations avec les forces révolutionnaires, il fut décidé, en 1893, de transformer le document trouvé à Rastibon en 1785 de manière à ce que les soupçons soient portés plutôt sur les Chefs du Mouvement Révolutionnaire Juif en Russie, que sur les Directeurs des Illuminati.

Donc, en 1900, les Illuminati s'organisèrent pour transformer le Plan original de 1785 afin que celui-ci serve leurs buts et leurs objectifs. Après avoir terminé les transformations qui portaient le monde à croire que les Juifs complotaient pour obtenir la domination mondiale en accord avec la Politique contenue dans le Sionisme Politique, ils s'arrangèrent pour que le Plan soit placé dans les mains de Sergyi Nilus, historien et écrivain russe des années 1900.

Ce Plan qui faisait état d'un complot organisé pour détruire toutes les formes de Nationalisme, ainsi que la Chrétienté, et qui renfermait, comme but ultime, celui d'obtenir le contrôle absolu de toutes les richesses, les ressources naturelles et la main-d'œuvre du monde entier afin d'amener au Pouvoir, un "Âge Messianique", fut publié tout d'abord par le Professeur S. Nilus en 1905 sous le tire évocateur : "Le Péril Juif" (The Jewish Peril), puis, par la suite, sous le titre "Le Protocole des Sages de Sion", écrit par Victor E. Marsden, et publié à Londres en 1921 par la Britons Publishing Society.

D'ailleurs, en 1893, lors d'une réunion, les Directeurs des Illuminati avaient décidé de se servir du peuple Juif comme bouc-émissaires de leur Plan. Ce fut la raison pour laquelle ils planifièrent, par financement secret, la Guerre Américano-Espagnole de 1898 afin de donner à des Juifs le contrôle de l'Industrie du sucre à Cuba ; celles des BOERS de 1899 afin de donner à ces derniers le contrôle des Mines de Diamant et des champs aurifères africains ; celle de 1904 qui opposa la Russie et le Japon afin d'affaiblir le gouvernement des Tzars, et l'économie russe pour pousser le peuple à se révolter en 1905 ; ce qui d'ailleurs se produisit comme prévu.

Ainsi les Juifs étant blâmés comme étant les auteurs, les responsables de la Conspiration Mondiale, les Illuminati acquirent par conséquent la certitude que la vague d'anti-sémitisme créée en France & en Russie, laisserait aux Directeurs des Illuminati, le champ libre pour poursuivre avec le reste des Plans prévus renfermant les Révolutions et les Guerres du XXième siècle sans être suspectés outre-mesure.

<u>Subversions/Corruptions des Masses en 10 Étapes</u>

Les 10 étapes de la Subversion/Corruption des Esprits en Occident, se veulent une vue aussi réaliste que possible sur la manière que les puissants s'y sont pris depuis au moins une quarantaine d'années pour corrompre la Jeunesse Occidentale, pour créer un Nouvel Idéal sur les cendres des Institutions Religieuses, Politiques et Sociales, de même qu'elles représentent un aperçu des étapes qui restent à franchir avant l'établissement du Gouvernement Mondial.

Ces 10 étapes suffisent à nous faire mieux comprendre dans le quotidien, comment ces puissants s'y prennent pour détruire une Nation, dans tout ce qu'elle avait de Valeurs.

Les Illuminati, à travers leurs Agenturs, réussissent à pousser une Nation à Apostasier, de même qu'à accepter, bon gré malgré, l'Idéal du Gouvernement Mondial dont nous n'avons absolument pas besoin.

1 - <u>AMPLIFIANT LES INSATISFAC-TIONS</u> naturelles existant chez chaque personne ; c'est-à-dire, en prenant chacun des interdits imprimés dans (l'inconscient collectif), ainsi que les frustrations normales : pour les exagérer au point de les rendre insupportables à chacun ; tout cela sous le prétexte fabriqué que les frustrations seraient quelque chose d'anormales pour l'Homme nouveau, l'Homme moderne.

2- <u>CRÉANT LA CONFUSION DES ES-PRITS</u> chez la jeunesse en identifiant entre autre, (Amour à Sexualité), (Autorité à contrainte), (Liberté à satisfaction de toutes les tendances instinctives), (Spirituel à science des pouvoirs occultes). Cette confusion, s'imprégnant sournoisement dans l'esprit de la Jeunesse et des gens de tout âge par la (Musique Subliminale entre autre), aura pour conséquence première, de se répercuter dans tout ce qui compose les habitudes culturelles et sociales ; ce qui, immanquablement, fera éclater ces mêmes habitudes à plus ou moins long terme.

Ainsi sera-t-il possible de voir s'opérer, des changements appréciables dans la mode (celle-ci s'identifiant de plus en plus au modèle « Jeunesse-Sexualité-Violence » ;

des transformations notoires dans les comportements (beaucoup d'hommes prendront une allure féminine et vice-versa pour les femmes) ;

l'affaiblissement généralisé de la pratique religieuse et l'augmentation des sectes et des pratiques occultes ;

l'éclatement des rôles chez l'hommes et la femme (ce qui entraînera, automatiquement, la chute de la famille traditionnelle, qui cédera la place à la famille monoparentale ;

l'augmentation de divorces et d'avortements ; l'augmentation de la délinquance et des maladies vénériennes (plus personne N'ayant de points de références stables) ;

- une conception nouvelle du cinéma (l'idéal du nouvel Homme et de la nouvelle Femme, l'exploitation du thème « extra-terrestre » ;

- l'émergence des drames fantastiques et du thème de l'occultisme, etc.) ;

- les programmations nouvelles de la radio et de la télévision (par exemple, les émissions pour enfants tournés vers le thème « extra-terrestre » ;

- celui des pouvoirs psychiques et l'exploitation des rôles nouveaux entre les hommes et les femmes, etc. ;

- l'abondance de la littérature érotique et occultes, etc. Une fois une telle vague de permissivité établi dans l'esprit des populations, il sera donc possible de proposer quoi que ce soit, sous le couvert du Modernisme, qui ira à l'encontre des Traditions, et de pousser ces mêmes populations, à prendre prétexte du « Respect des Droits de l'Individu » pour contester, et se révolter : contre tout ce qui peut aller à l'encontre de la Nouvelle Conception de l'Homme Libre & Moderne.

En d'autres mots, rendre normal ce qui hier était interdit, et rendre anormal ce qui constituait les bases les plus solides de la Religion, de la Culture et de la Société.

3- <u>COMBLANT LES TENDANCES ET LES BESOINS INSTINCTIFS</u> de chaque personne, si possible, tels : l'Oisiveté, la Sexualité, la Drogue et l'Alcool, (la Désobéissance et la Révolte), (la recherche du Merveilleux et du Fantastique dans l'exploitation des Sciences et des Croyances Occultes).

Le fait de combler pour l'immédiat et dans l'immédiat certains des instincts moteurs des individus, provoquera immanquablement chez ceux-ci, un relâchement de leur esprit de Vigilance, un affaiblissement de leur caractère et de leur tempérament : de leur personnalité en général ; ce qui sera propre à placer ces mêmes individus, à plus ou moins long terme, dans un état de dépendance chronique.

En d'autres termes : "FABRIQUER DES ENFANTS GÂTÉS POUR MIEUX LES ASSERVIR".

Cette création de la "Société du Loisir" aura donc pour but d'orienter tous et chacun vers le Loisir sous toutes ses formes :

• le rêve, l'évasion, le goût du plaisir permanent menant vers le rejet de toute responsabilité personnelle et de toute réalité quotidienne, ce qui entraînera la haine du travail et des autorités en général. Ainsi, en fabriquant, par la publicité, l'obligation de se détendre, d'être COOL, la Jeunesse, sans expérience du vécu, sans connaissance de la vie, menée plus par l'impulsion et la révolte plutôt que par la Prudence, se détruira d'elle-même sans prendre garde, et ne représentera plus, par conséquent, de danger pour l'imposition du Gouvernement Mondial.

4- **<u>DONNANT UNE ORIENTATION À LA RÉVOLTE</u>** par le fait d'identifier faussement les contraintes à la "Liberté de la Jeunesse" c'est-à-dire :

• en falsifiant les définitions "Famille-Parents-Couples", signifiera Esclavage de la Femme, et non plus, Amour ;

• "École-Professeur", se référera à Apprentissage de la Répression Traditionnelle, et non plus, acquisition du aavoir, de l'autonomie et des responsabilités ;

• "Gouvernement - Responsable du Pouvoir Politique" voudra dire, Dictature de la Liberté Individuelle, et non plus, Gérance de l'Etat pour le Bien-être de la Collectivité ;

• le "Militaire" sera apparenté à Abrutissement des Individus, et "Police", à Répression des populations, et non plus, à "Protection de la Collectivité". Ainsi toute Autorité sera représentée comme étant un interdit à la liberté d'expression de tout individu. En détruisant de cette manière les Valeurs Spirituelles et Morales des populations, il deviendra donc possible par la suite, de suggérer n'importe quoi, y compris les Mythes les plus invraisemblables tout simplement parce que les barrières auront été détruites.

5- <u>ISOLANT L'INDIVIDU POUR MIEUX L'ASSERVIR</u> après avoir détruit la majeure partie des points de repères traditionnels et les fondements sur lesquels s'appuient les populations pour maintenir une stabilité sociale, ceux qui se trouvent derrière la musique subliminale, pousseront les individus à développer une conception individualiste du monde au détriment de la conception collective. Ainsi, l'on verra apparaître des contestations et des révoltes un peu partout à-travers l'Occident Chrétien. À partir des Universités et des Collèges, et sous le prétexte du "Droit à la Liberté d'Expression Individuelle", il y aura, entre autre des revendications pour les Droits de la Femme, le Droit à l'avortement, le Droit à l'amour libre (peace & love), le Droit aux mariages libres, le Droit des enfants, le Droit à l'homosexualité, le Droit à la pornographie (sous prétexte d'œuvres d'art), le Droit des minorités ethniques, le droit des Détenus. En d'autres mots, le DROIT à tout ce qui est interdit dans la Société Traditionnelle.

En définitive, tant par la facilité qu'il aura à satisfaire chacun de ses désirs, que par les influences destructrices que cela lui apportera, celui qui représentait l'espoir de la Nation, sera poussé à un isolement de plus en plus grand, à une conception du monde privilégiant l'individualisme; ce qui donnera un Monde sans Amour où évoluera un Homme-mort prêt à accepter n'importe quoi pour ne pas être seul.

La jeunesse, de plus en plus désabusée, ne sachant pas que le Droit est un mythe, quelque chose qui n'existe pas, car le Pouvoir du plus fort régit le monde, sera mûre pour accepter sans résistance le Nouvel Idéal qui lui sera présenté comme étant l'unique solution réaliste et raisonnable à tous les problèmes de l'Humanité.

6- <u>CRÉANT UN NOUVEL IDÉAL</u> basé, pour chacun, sur la libre satisfaction de tout ce qui doit composer le mythe de la "Nouvelle Liberté". Cet Idéal irréalisable de Liberté pourra assez facilement se traduire par permissivité. Toutes les pensées et tous les comportements devront être respectés dans la Société dite Moderne c'est-à-dire que tout ce qui était considéré comme étant immoral et amoral dans la Société Traditionnelle et Religieuse, devra être considéré comme étant normal, accepté librement, et respecté au nom du Droit à la Libre Expression de tout Individu dans la Nouvelle Conception de la Société de l'Avenir. En ce sens, le Droit de l'Individu sera privilégié au détriment du Droit de la Collectivité, donc de la Société. Par conséquent, tout ce qui composait la dimension de la Charité sera détruit pour favoriser celle de l'égoïsme et de l'égocentrisme. Ainsi, toutes les ficelles qui faisaient de l'Homme un être collectif, social, seront brisées pour créer un Homme individualisé, et isolé.

7- <u>RENDANT TOUT INDIVIDU DÉPENDANT DE CE NOUVEL IDÉAL</u> où ce n'est

plus le travail de la Collectivité qui construit la Société, mais le travail de l'Individu qui donnera une Identité à la Société. En ce sens, diviser les individus les uns par rapport aux autres, et satisfaire les désirs instinctifs, rendra les Hommes mûrs pour l'établissement d'une " Dictature Absolue basée sur le Pouvoir de L'individu. "

8- <u>DÉTRUISANT L'ÉGLISE CATHOLIQUE ROMAINE;</u>

1) En encourageant les Responsables et les Fidèles, à la désobéissance en prenant pour prétexte, l'affirmation de l'individu, et son Droit à plus de liberté personnelle.

2) En identifiant Église à "Puissance Économique/Endoctrinement des Individus".

9- <u>CRÉANT UNE CRISE ÉCONO-MIQUE, POLITIQUE ET SOCIALE</u> dans le but de détruire l'indépendance de tout Groupe et de tout individu. Ceci pourrait se produire à partir de la fabrication d'une Crise Financière : par la hausse exagérée des taux d'intérêt qui provoquerait faillites sur faillites, de même que par une hausse des produits de consommation de première importance. Ces hausses combinées à un taux de chômage dramatique dans tous les secteurs de la Société, finiront par pousser les populations à l'exaspération, à la révolte, puis à la guerre civile, celle-ci permettant l'élimination de tous les ennemis au Futur Pouvoir sous le couvert de massacres incontrôlés. Cette crise, suffisante pour déstabiliser tout Gouvernement, pourra créer le chaos nécessaire à l'établissement d'une Dictature Mondiale.

10- <u>CRÉANT UNE CRISE ALIMEN-TAIRE</u>, c'est-à-dire, une crise des Besoins Essentiels à la Survie Biologique de l'espèce humaine. De cette manière, il deviendrait possible de forcer tout individu isolé (parce que n'ayant plus de base Spirituelle ou Morale) à accepter le "Nouveau Gouvernement et sa

Philosophie" dans le but d'assurer, au moins, sa propre survie biologique. Car où trouver des denrées alimentaires lorsque le "Nouveau Pouvoir" se trouve être seul détenteur de toutes les réserves alimentaires et de tous les grains de semence ?

Enfin, la crise pourrait suivre le scénario suivant : par la prise de contrôle économique de toutes les compagnies produisant des produits alimentaires ; Par la prise de contrôle de tout ce qui permet les cultures agricoles (grains de semence, engrais chimiques, et grains servant à nourrir le bétail) ;

Par la destruction systématique de toutes les réserves alimentaires et de céréales appartenant à des intérêts privés ou à certains Gouvernements peu intéressés à un Pouvoir Mondial ;

Par l'établissement universel d'une carte d'Identité Mondiale délivrée uniquement à ceux reniant toute Foi en Dieu. Une carte permettant toutes les opérations économiques étant faites aujourd'hui avec du papier-monnaie. Cette nouvelle carte qui remplacera toutes celles existant en ce moment, sera imposée."

Puisque nous nous intéressons aux dessous de l'histoire de notre pays, il est utile de souligner (de dénoncer) l'implication de l'ex-président français François MITTERAND, grand maître du "Grand Orient", loge franc-maçonnique la plus importante en France, et membre du "Comité des 300", ainsi que tous ses prédécesseurs et successeurs (y compris de la grande majorité des élus du gouvernement), dans les différentes crises qu'a traversé notre pays.

"On les reconnaîtra à leurs fruits."

On peut dire, en principe, que plus on monte dans la "pyramide", (dans la hiérarchie) où les vrais secrets sont gardés, plus l'état d'esprit s'inverse si on le compare à celui des premiers degrés.

CHAPITRE 9

LIBERALISME
MENSONGES ET VERITES.

Nos politiciens, les médias, mais aussi les enseignants en économie nous disent que: "Le libéralisme ne peut exister que si il existe une concurrence suffisante de l'offre". Ce qui est absolument faux puisque dans les faits, le capitalisme libéral a toujours visé la concentration et la formation du monopole qui élimine toute concurrence et surtout, limite le choix du consommateur et fait grimper les prix. En témoigne la privatisation de la quasi totalité des services publiques comme la gestion de l'eau et de l'électricité, qui se traduit par l'augmentation des prix et la diminution des services rendus et de leurs qualités. Si on compare les prix entre l'époque où ces services étaient nationalisés, les prix ont été multipliés par trois, voir par cinq.

Il est faux de croire que le libéralisme a favorisé le "libre jeu du marché", puisque en raison du manque de transparence et de l'inégalité dans la pratique de l'accès à l'information, il ne nous est pas possible d'effectuer de vrais choix comparatifs. Il faut savoir que les marchés sont essentiellement guidés par la spéculation et la recherche du profit immédiat, particulièrement destructeurs pour les petites et moyennes entreprises.

Un profit de la part des grandes entreprises multinationales qui, il faut le souligner, est directement prélevé sur les salariés (qu'elles licencient à tours de bras) pour économiser les coûts de production, réduire la rémunération et la protection sociale, et augmenter de fait la production. Profit qui est également prélevé sur la nature (qu'elles n'hésitent pas à saccager par la surexploitation, l'urbanisation massive et la pollution).

Contrairement aux idées reçues, les petites et moyennes entreprises ne créent plus de richesses, puisque, si l'on tient compte le coût environnemental et humain, des matières premières non renouvelables, la valeur créée est nettement inférieur aux coûts réel des ressources utilisées et détruites. Des pratiques qui ont bien entendu un impacte directe sur l'activité des fournisseurs (producteurs) de matières premières (minières et agricoles), mais aussi et surtout, sur ces PME que le monde de la finance aura poussé à la faillite par des pratiques mafieuses.

N'ayons pas peur des mots en disant que l'économie "libérale" tel qu'il existe actuellement, est la cause principale d'un environnement économique instable, et qu'il prive tout individu de sécurité, l'obligeant constamment à s'adapter aux aléas de la conjoncture et aux restructurations économiques. Nul ne peut nier aujourd'hui que le salarié français, du fait de la mondialisation, est en concurrence directe avec l'employé chinois, indonésien, japonais, et qu'aussi longtemps que les multinationales pourront en tirer profit, elles iront toujours aux plus offrants, là où la main d'oeuvre est la moins chère, où les règles de sécurités et le respect des droits des travailleurs, ainsi que les lois environnementales et sociales sont les moins contraignantes.

Comprenez bien que tout cela résulte d'une volonté à peine voilée de nos gouvernements qui, sur ordres de ces multinationales dont ils dépendent, n'ont aucun intérêt à ce que les choses changent pour le bien de tous. Nous vivons sous une dictature oligarque qui ne se cache plus, pour qui la démocratie représente en réalité une vraie menace pour ses intérêts personnels.

Je me suis penché de très près sur les causes réelles de l'effondrement de notre économie et vous les présente rapidement:

- Le traité de l'AMI: Accord économique mondial négocié secrètement sous l'égide de l'OCDE en 1995.

- Les traités NAFTA et FTAA.

- L'AGCS: accord mondial négocié dans le cadre de L'OMC, dont l'objectif est de démanteler de manière définitive l'ensemble des services publics (y compris ceux de la santé et de l'éducation).

- La directive Bolkestein: qui est une véritable arme de guerre sociale élaborée par la Commission Européenne pour libérer toutes les multinationales de toutes réglementations.

- La "loi Travail": une directive européenne qui vise à fixer la durée du travail à 48 heures semaine avec possibilité d'aller au delà des 65 heures. Une directive favorisant l'esclavagisme moderne au service de la "compétitivité" des multinationales.

Et pour terminer, le très secret groupe des puissants de notre planète dont j'ai parlé dans le chapitre précédant: Le Groupe BILDERBERG, appelé aussi "Illuminatis" qui se réunissent chaque année dans des endroits tenus secrets pour y discuter de "l'avenir" de la planète et du vôtre.

Accepter cette dictature, c'est renoncer à toutes nos libertés de créations, d'évolution et à notre droit le plus fondamental: vivre libre et heureux.

Il y a quantité de solutions envisageables face à la situation actuelle. Certains aimeraient qu'on élimine une partie des Illuminati, des Bilderberg, ce qui, à mon avis, ne servirait pas à grand chose car ils seraient vite remplacés, pour la simple raison que ces gens ne sont en réalité que le symptôme d'un problème qui se situe ailleurs.

En effet, s'ils ont autant de pouvoir, qu'ils se servent de nous avec autant d'aisance, tout simplement parce que nous n'assumons pas nos responsabilités et que nous nous satisfaisons de notre ignorance et indolence! A croire que seuls ces gens-là possèdent un cerveau!

Le cœur du problème est donc au plus profond de chacun de nous. Si nous ne nous changeons pas et si nous ne transmuons pas nos faiblesses, il ne sert à rien d'éliminer ces êtres, car il y en aurait aussitôt d'autres qui se chargeraient de nous, puisque nous acceptons d'être manipulés!

J'entends tous les jours la même question autour de moi:

"Que pouvons-nous entreprendre de positif pour rectifier ce qui a mal tourné dans le passé et pour empêcher que cela se reproduise dans l'avenir ?"

Pour y répondre, et bien il nous faut nous poser la question primordiale sur le sens de la vie. Il est difficile de trouver un sens à notre vie simplement dans la nourriture, la boisson, le sommeil, le sexe et la possession de biens matériels.

Beaucoup parmi nous en sont déjà bien conscients, mais rappelez-vous qu'à la fin de votre vie vous abandonnerez toutes ces choses matériels, y compris votre corps. Nus, vous êtes arrivés et nus vous repartirez!

Les Illuminati, n'en déplaise à certains d'entre vous, ne sont en fait qu'un révélateur, une pierre d'achoppement sur votre chemin puisqu'il y a toujours eu des Illuminati ou du moins, des personnes qui ont agi selon des principes similaires.

Ma plus grande crainte est qu'aujourd'hui, certains d'entre nous joueraient (sans hésiter) le même jeu, si on leur conférait le même pouvoir et la même richesse. Si on se fie à ce qu'ils sont, eux aussi vendraient l'humanité pour satisfaire les besoins démentiels de leur orgueil hystérique. Ce qui se passe à grande échelle est identique à ce qui se passe à plus petite échelle. Il est question ici de contrôle et de puissance. Les Illuminati veulent contrôler notre planète, de même que le président veut contrôler son pays, le maire dans sa commune, le pape et l'Eglise, le patron et son entreprise, etc.

Soyons honnêtes! les Illuminati n'auraient pas autant de puissance, si les hommes ne se laissaient pas manipuler aussi facilement.

Napoléon, Hitler, Staline, Saddam Hussein et

tous les chefs d'Etats au monde n'ont pas tué un seul homme, jusqu'à preuve du contraire! Ils les ont fait tuer, c'est-à-dire qu'ils se sont servi de l'ignorance des exécutants, de la nonchalance du peuple.

Je n'hésite pas à dire que les hommes dont la conception du monde repose sur la dualité et qui rendent responsables de tous les maux Satan et ses sbires ou bien attendent de Jésus, Bouddha ou Allah d'êtres sauvés ou rachetés, font preuve, à mon avis (et il n'engage que moi), de complète dépendance et d'immaturité d'âme et sont à plaindre. A partir du moment où un être humain manifeste qu'il est dépendant de n'importe quelles forces (ou puissances invisibles et imaginaires), qu'il leur est absolument soumis et qu'il ne peut rien prendre en responsabilité pour lui-même et pour les autres, il ne peut en aucun cas être le seul vrai artisan de sa destinée. Ce n'est pas pour rien que les puissants hommes d'Eglises dans toutes les grandes religions du monde ont constamment falsifié, humanisé et arrangé à leur façon les doctrines de leurs prophètes et de leurs saints. Ceci a eu pour conséquence que les croyants s'en remirent à eux afin qu'ils assument, à leur place, leur vie et celle de leur entourage.

Au seuil du 21ème siècle, l'emprise des croyances s'affaiblit au profit du matérialisme, la foi dans la science et la volonté de paraître. La majorité d'entre nous tient à vivre dans sa routine, refuse de changer son comportement ou sa façon de penser, rejetant ou niant sa responsabilité. Toute croyance qui se superpose à notre prise de responsabilité n'est qu'une échappatoire qui nous permet de mener une vie toujours routinière sans que nous soyons obligés d'y apporter quelconque changement.

Imaginez qu'une guerre éclate et que personne n'y aille, aucun soldat. Si les hommes de toutes les nations ne saisissaient pas leurs armes pour tuer leurs propres congénères, les puissants de ce monde ne seraient plus que des petits criminels. Quand comprendrez vous enfin qu'ils se repaissent de chacune de nos faiblesses et du manque de prise de conscience et de responsabilité de chacun de nous, un potentiel effectif qu'ils manipulent avec une grande virtuosité.

Le danger réel dans ce monde, contrairement à ce que la plupart pense et croit, ce ne sont pas les riches puissants ou certains tyrans, non, c'est l'ignorance des hommes. S'ils n'étaient pas aussi ignorants, s'ils ne se laissaient pas faire aussi mollement, s'ils ne manquaient pas de sens critique, absolument personne ne pourrait se servir d'eux. Celui qui SAIT ne peut être manipulé, précisément parce qu'il sait. C'est pourquoi je le redis : "Trouvez la vérité, la vérité vous affranchira ! "

Avant d'aller plus loin, et que l'on me qualifie d'antijuifs, d'antisémite, j'aimerais rappeler (à celles et ceux qui confondent encore) que Sionisme et judaïsme sont deux choses totalement différentes, sans aucun dénominateur commun (voir chapitre suivant).

CHAPITRE 10
JUDAÏSME ET SIONISME.

La TORAH enseigne que Dieu donna la « Terre Sainte » au peuple juif à la condition que ceux-ci obéissent, respectent et mettent en pratique les lois et commandements contenus dans la TORAH, sans quoi elle leur serait enlevée définitivement et ils seraient envoyés en exil à travers le monde. Malheureusement, le peuple juif n'a pas obéit aux commandements de la TORAH et ils en furent chassés (après la Révolte Judéenne de l'an 135 de l'E.C.) et envoyés en exil, condamnés à vivre dans toutes les nations du monde sous domination des non-juifs jusqu'à la venue du Messie. Mais nous avons vu que cette version de la Torah ne tient pas la route.

Contrairement à ce qu'ils prétendent, le sionisme est en fait un mouvement politique (non-religieux) fondé par Théodore Herzl en 1896, dont le but est de promouvoir le retour des juifs (croyants ou non) vers "Sion", un nom employé dans la Bible pour désigner la ville de Jérusalem en particulier, et la Terre Sainte en général.

Le nom de "Sionisme" vient de la colline de Sion, la colline sur laquelle est supposé avoir été construit le Temple de Jérusalem dont jamais personne n'a retrouvé aucunes traces. Le mouvement fut créé et dominé par des "juifs" sécularistes et athées. Herzl et la majorité de ses associés étaient des "juifs" qui ne croyaient ni en Dieu ni en la pratique de la Torah. La grande majorité (environ 90°/°) des sionistes étaient de virulents opposants de la religion et considéraient la Torah comme quelque chose de dépassé et de superstitieux qui n'avait plus sa place dans leur monde moderne, ni dans l'État Sioniste qu'ils souhaitaient créer.

Cette idéologie n'avait donc aucun point commun avec la religion juive, bien au contraire, le sionisme était une philosophie anti religieuse, comme c'est encore le cas aujourd'hui. Ce qui explique la volonté destructrice et meurtrière du pouvoir Israélien vis-à-vis des Palestiniens depuis 1948.

Certaines personnes religieuses commencèrent à se dire que le retour des juifs vers la Terre Sainte était l'accomplissement de la prophétie et une étape qui initierait la Rédemption et rapprocherait la venue du Messie.

Des juifs religieux commencèrent alors à soutenir le mouvement sioniste, tout en s'opposant à son aspect non religieux. Ce qui donna au sionisme une nouvelle définition et fait croire aux gens que sionisme et judaïsme sont étroitement liés.

Aujourd'hui, bon nombre de juifs emploient le mot "sionisme" comme synonyme du sécularisme Israélien, et supportent donc l'État Sioniste tout en prétendant être antisionistes. Ce qui est totalement contradictoire. Ces gens espèrent qu'un jour l'État Sioniste sera dominé par les partis religieux et que la loi de la Torah (telle que eux l'interprètent) sera la seule loi valable dans le pays. Mais que le sionisme soit laïc, séculier ou religieux, le sionisme est une idéologie à laquelle s'oppose la Torah.

Les juifs, selon Torah, n'ont pas le droit de se rebeller contre les nations, de s'émanciper de l'exil par leurs propres moyens, d'immigrer en masse vers la Terre Sainte (Palestine) et fonder un État Juif en Terre Sainte. En utilisant des textes de la Tradition, l'idéologie sioniste va à l'encontre des enseignements de la Torah.

Durant le siècle dernier, bon nombre de Rabbins se sont levés et ont dénoncé le sionisme et le mouvement sioniste. Ce qui est assez surprenant, c'est qu'aujourd'hui encore, pour en avoir parlé avec bon nombre d'entre eux, ces intégristes "juifs Sionistes Talmudistes" restent persuadés qu'Israël n'est et ne sera jamais la Terre Promise, mais que la Terre toute entière le sera, puisqu'elle sera totalement débarrassée de tous les non juifs, ainsi que de tous ceux qui n'auront pas été élus par leur faux Dieu.

A la lumière de ces explications, il est de plus en plus évident que les intérêts sionistes représentent une menace (plus sournoise) toute aussi réelle que tous ces groupes terroristes islamistes pour nos sociétés. Regardez l'emplacement des pays attaqués par l'occident (Libye, Irak ,Liban, Syrie), regardez maintenant où se situe Israël, et posez vous la question, pourquoi l'Arabie Saoudite n'est-elle pas inquiétée alors qu'elle pratique la même politique "chariatique " et la même dictature que ses voisins ?

Il est important de souligner que le projet d'Israël est de posséder toute la région. Un politique Israélien a déclaré " il est plus facile et moins cher de payer l'occident pour faire la guerre à notre place ".

N'oublions tout de même pas que le nombre de morts civils arabes, depuis la guerre du golf, dépasse les 5 millions. Je mets au défi quiconque de garder son calme et ne pas vouloir se révolter contre les responsables de ce génocide. Je rappel aussi qu'une partie des missiles nucléaires d'Israël sont braqués sur l'Europe à l'heure actuelle, ce qui explique la soumission de nos dirigeants politiques à Israël.

Est-il encore besoin de rappeler l'implication de la famille Rothschild dans la création de l'état d'Israël ? J'en ai longuement parlé dans un chapitre précédent.

Contrairement à Juliette Benzoni qui parle dans la série "Aldo Morosini" de l'implication des Rothschild dans la création de l'état d'Israël., qui fait passer la famille Rothschild pour des « bienfaiteurs », je n'hésite pas à dénoncer ce que d'autres avant moi ont tenté de dénoncer.

Tout a commencé par des actions violentes de masse envers les Juifs (en tant que minorité nationale et religieuse), qui se déroulèrent dans l'Empire russe de 1821 jusqu'en 1917. Des actions qui ont amené le Baron Edmond James de Rothschild à se pencher sur le problème des Juifs d'Europe de l'Est. Il était d'avis que la seule solution pour eux était de monter en Israël et de s'y implanter. Les premiers actes antijuifs recensés dans l'Empire russe se déroula en 1821 à Odessa à la suite de la participation de Juifs au meurtre, à Constantinople, du patriarche gréco-orthodoxe Grégoire V de Constantinople.

En 1849, 1859 et 1871, d'autres actions se déroulèrent encore à Odessa où, en 1871, des centaines de magasins, tavernes et maisons juives furent saccagés (sans qu'il y eut toutefois de morts).

En 1862, un nouvel incident survint à Akkerman (actuellement Bilhorod-Dnistrovskyï), en Ukraine. La plupart des participants étaient des

Grecs de la ville. L'hostilité existant entre les Grecs et les Juifs était née à la suite de leur concurrence commerciale. Ainsi, l'incident d'Odessa fut organisé par des marchands grecs en réponse au fait que les Juifs leur avaient ravi le contrôle de la plupart des banques et de l'export (de manière pas très légale).

Le règne d'Alexandre III de Russie fut marqué, à ses débuts, par les violences des années 1881 et 1882. Celles-ci se produisirent sur un fond d'instabilité politique régnant dans la Russie impériale, après l'assassinat d'Alexandre II de Russie par les partisans du parti "Narodnaïa Volia", le 1er mars 1881.

Dans les années 1890, les actes antijuifs recommencèrent. Selon la déclaration du gouverneur de Nijni Novgorod : " …dans la population apparaît le sentiment de totale impunité quant aux crimes les plus graves, lorsqu'ils sont commis à l'encontre de Juifs ».

À Starodoub "Gouvernement de Tchernigov", le 29 septembre 1891, se déroula un nouvel incident, dont les marchands locaux furent les principaux participants, c'étaient des Orthodoxes "vieux-croyants", mécontents de la concurrence de la part des Juifs. En 1895 eut lieu un autre incident à Koutaïssi.

En 1897, dans le bourg de Chpola, Gouvernement de Kiev, (les 18 et 19 février) et dans le bourg de Kantakouzenka, Gouvernement de Kherson (les 16 et 17 avril), des meneurs de la population locale saccagèrent et pillèrent des magasins et des maisons appartenant aux Juifs.

Quelques habitants prévinrent les autorités de la préparation de ce pogrom, mais les détachements de soldats arrivèrent trop tard. Du 19 au 21 avril 1899, au moment des fêtes de Pâques, eut lieu un troisième pogrom à Nikolaïev (Gouvernement de Kherson).

C'est donc sous l'influence du grand rabbin de Paris, que le Baron Edmond James de Rothschild commença par soutenir le mouvement politique fondé par Théodore Herzl en 1896, dont le but est de promouvoir le retour des juifs (croyants ou non) vers

"Sion" ; un nom employé dans la Bible pour désigner la ville de Jérusalem en particulier, et la Terre Sainte en général. Mouvement appelé "Les Amants de Sion". La famille Rothschild financera donc les premiers groupes tentant de se rendre sur la Terre d'Israël pour y établir de nouvelles implantations.

Au début de ses activités sur la Terre d'Israël, le Baron Edmond James de Rothschild s'est bien entendu abstenu de rendre public son soutien aux implantations juives, ce qui lui valu le surnom du "Bienfaiteur".

Lorsque les premières implantations rencontrèrent des difficultés économiques menaçant leur existence même, elles se tournèrent vers le Baron afin d'obtenir des aides qu'il accepta de leur accorder pour les "sauver" des palestiniens qui voyaient d'un très mauvais œil cette incursion soudaine.

Sa première activité dans ce domaine fut en 1882 à Rishon Le Zion, qui se trouvait au bord de la faillite. Par la suite, le Baron augmenta ses activités en commençant par aider aussi les autres implantations en détresse. Le Baron comprit que les implantations ne pouvaient continuer à survivre sous formes de petites communautés indépendances isolées et dispersées dans toute la région, et commença à acheter de vastes étendues de terrains pour y établir leurs nouvelles implantations, en vue de ce projet de créer le "Grand Israël".

Afin d'optimiser son soutien aux nouvelles implantations, le Baron établit un système de contrôle des allocations de fonds et envoya des experts dans le domaine agricole, hydraulique et financier qui développèrent de nouveaux secteurs de croissance afin d'établir les implantations et renforcer leurs activités économiques. Le réseau d'experts et de fonctionnaires de Rothschild développa de nombreuses industries agro-industrielles, notamment la culture des vignes et la production de vins dont les produits furent commercialisés dans le monde entier.

En outre, des plantations d'oliviers et des presses à huile modernes furent développés ainsi que l'industrie des parfums à partir des produits agricoles introduits en Israël spécialement à cet effet. Après le début du mandat britannique en Israël en 1923, le

Baron de Rothschild fonda le PICA auquel il transmit la gestion de tous ses travaux dans le pays.

Le Baron Rothschild est décédé en 1934 et 20 ans plus tard, en 1954, sa dépouille ainsi que celle de son épouse furent transférées en Israël et enterrées à Ramat Hanadiv. Un signe très révélateur vous ne croyez pas ?

Certaines implantations fondées par le Baron portent le nom des membres de sa famille comme : Zikhron Yaakov, Mazkeret Batya, Bat Shlomo, Binyamina, Givat Ada et d'autres encore. Au total, le Baron de Rothschild achètera plus de cinquante mille hectares en Israël, sur lesquels furent établis plus de 40 implantations. Avec la création de l'Etat d'Israël, la famille Rothschild fit "don" à l'Etat de la plupart de ses terres à travers le pays, soit la plus grande contribution de terres accordées à l'Etat avec un effet de levier considérable durant la création de l'Etat d'Israël.

A la fin des années 1950, la famille Rothschild a fait don des terres de Césarée (environ 30 000 hectares), à la Fondation Rothschild de Césarée et a convié l'Etat à devenir partenaire de ces fonds.

Au décès du Baron Edmond de Rothschild en 1997, le groupe bancaire et l'autorité des fonds philanthropiques de la famille passèrent entre les mains du fils - le Baron Benjamin de Rothschild. Le Baron Benjamin de Rothschild et son épouse la baronne Ariane de Rothschild sont impliqués et dirigent les activités du fond Rothschild de Césarée en Israël dans le cadre d'un réseau de fond Edmond de Rothschild opérant dans le domaine éducatif dans le monde entier, amis aussi dans l'armement.

Je pense qu'il est bon de rappeler quelques définitions utilisées n'importe comment par les médias en France dans le but intentionnel de porter la confusion dans les esprits au sujet des sionistes :

Négationnisme : mot spécifiquement inventé après la deuxième guerre mondiale pour définir le fait de nier l'existence de la Shoah.

Révisionnisme : À l'origine, le terme de révisionnisme désignait le mouvement demandant la révision du procès Dreyfus. Le sens de ce terme s'est ensuite étendu, et désigne aujourd'hui un courant de pensée tendant à remettre en cause et modifier plus ou moins profondément, selon les cas, un système idéologique ou politique établi, un traité international ou un texte de loi majeur, ou encore des faits considérés comme historiques.

Shoah: holocauste des Juifs pendant la deuxième guerre mondiale.

Holocauste : est le sacrifice par le feu d'un animal après immolation. Pratiqué par les Grecs dans le cadre des rituels religieux, il l'est aussi dans la tradition israélite.

Génocide : extermination physique, intentionnelle, systématique et programmée d'un groupe ou d'une partie d'un groupe en raison de ses origines ethniques, religieuses ou sociales.

Sémite : Désigne les descendants de Shem, l'un des fils de Noé.

Torah : Selon le judaisme, la Torah a été écrite de la main même de Dieu. Et dans la Torah il est dit que la terre promise à Abraham (descendant de Noé et de Shem) s'étend du Nil à l'Euphrate.

Talmud : Livre écrit par 70 Rabins à Babylone. Ce livre est considéré comme étant le livre le plus raciste et intolérant jamais écrit au monde : Du Talmud est née la Cabale avec tous ses symboles ésotériques et « magiques » dont Madonna et beaucoup d'autres artistes sont friands.

Sionisme : Le sionisme est (comme je l'ai mentionné plus haut) une idéologie politique nationaliste fondée par Theodor Herzl prônant l'existence d'un Etat Juif : Israel. Laquelle s'appuie évidement essentiellement sur le Talmud. Les Sionistes sont dans leur immense majorité Ashkénazes.

Antisémite : qui n'aime pas les descendants de Shem.

Ashkénazes : Les Ashkénazes sont des personnes d'europes centrale de l'Est et orientale descendants du peuple Khazar, qui ont été convertis par les juifs sémites (descendants de Shem) qui ont immigrés en Europe après avoir été chassé par dieu selon eux, mais cette thèse est controversée notamment pas Sholon Sand, Historien Israélien. Ils représentent 80% de la communauté juive et il est intéressant de noter qu'aucun d'eux n'a jamais eu d'ancêtre en Palestine.

Je rappelle également que le négationnisme est puni par la loi Fabius/Gayssot (Fabius, qui fut reconnu coupable dans l'affaire du sang contaminé). On peut se demander pourquoi il ne concerne que le sujet de la Shoah ? Quoi qu'il en soit il aurait été tout aussi logique d'y inclure toutes les atrocités de tout temps, comme par exemple les 400 ans d'esclavages des noirs!

Personnellement, je suis de ceux qui pensent que le révisionnisme est le devoir de tout Historien qui se respecte, puisqu'il consiste à réviser l'Histoire avec de nouveaux documents déclassifiés, dont on se demande pourquoi ils ne l'ont pas été plus tôt. Posez-vous donc la question ! Il est également du devoir de chacun de s'informer.

Pour en revenir à la deuxième guerre mondiale, il est intéressant de parler des chiffres réels du nombre de Juifs en Europe dans les années 40, divulgués dans les documents déclassifiés officiels du

FBI reprenant les mémoires du Dr Heller, président de la "Zionist Organization of America".

Pourquoi avoir menti sur les chiffres ? Il n'est nullement question de remettre en cause les crimes commis par Hitler pendant la seconde guerre mondiale, mais de mettre en exergue le fait que l'on nous ait menti sur le nombre et mis principalement en avant les Juifs dans ces horreurs.

Dans quel but cela a-t-il été fait ? Tout simplement parce que, pour préparer l'Etat d'Israël, les *illuminatis* (entendez par là les Rothschild et Rockefeller) avaient besoin de créer un traumatisme mondial, d'amplifier la chose en faisant passer de massacre important, à génocide, puis crime contre l'humanité (mot inventé au procès de Nuremberg).

Il fallait établir la **"*honte nationale*"** des pays ayants participés à la déportation (dont la France), et c'est ce qui explique aujourd'hui à quel point le CRIF exerce une pression constante sur nos politiciens et sur la République.

En réalité aucun peuple ne devrait porter la responsabilité des Élites de leur nation. N'oublions pas que pendant la guerre, bon nombre d'allemands ont également cachés des Juifs. Il y avait des résistants et des salauds dans toutes les camps, y compris dans la communauté Juive elle-même. C'est d'une telle évidence ce que je vous dis, que je me demande bien comment certains on pu l'oublier?

Toutes les nations et toutes les communautés ont des héros, mais elles ont aussi du sang sur les mains. Regardez la déportation des Juifs par l'UGIF (ancêtre du CRIF). Je vous recommande le très bon livre de Mauris RAJSFUS.

Cette **"*honte nationale*"** a permis de prélever d'énormes quantités de fonds pour dédommager les victimes de la Shoah. Je tiens tout de même à préciser que les seules victimes à avoir été dédommagées, furent les juifs, pour ce qui est des autres victimes, les Tziganes, les gitans, les Témoins de Jéhovah, les homosexuels, les handicapés etc., il n'en fut rien ! On se demande bien pourquoi ?

Au vu de tout cela, ma question est légitime : Ne pourrions-nous pas exiger des familles Rothschild, Ford ou Boing (financiers d'Hitler) de dédommager toutes les autres victimes ? Ne pourrions-nous pas exiger de l'UGIF de dédommager toutes les autres victimes et leurs familles ?

A noter ces deux citations de Theodor Herzl, fondateur du Sionisme : ***"La persécution ne détruira pas le peuple Juif mais accomplira le contraire : il renforcera l'identité Juive"***.

Ou encore : ***"J'ai eu une idée formidable, attirer des antisémites honnêtes et les inciter à détruire les propriétés juives."*** Source journal d'Herzl page 68.

J'allais oublier un point très important au sujet de financement de l'Etat d'Israel : l'aide à la création de l'Etat d'Israël en 1933 par Hitler Himself (avec l'appui financier des Rothschild) ! Cela s'appelait le « Contrat de Transfert ».

"La personne au courage exceptionnel qui a mené l'enquête et écrit ce livre est Juif."

Pourquoi ne pas dire honnêtement aux gens que Henry Ford (le fabricant de voitures américain) était un grand admirateur d'Hitler et un de ses principaux financiers, que Boing (société américaine d'aviation) a fourni pendant la guerre un appui logistique à Hitler pour déplacer ses usines d'armement en Afrique ? Pourquoi ne pas dénoncer cette vérité selon laquelle La banque Rothschild a financé Hitler pendant la guerre et qu'elle a été après la guerre le principal financier de l'Etat d'Israel ?

Depuis toujours, l'Histoire a été écrite par les vainqueurs et dans toute guerre, beaucoup d'informations furent classifiées "secret défense", puisque ces guerres sont menées par les plus grands menteurs de la planète : les armées, les gouvernements, et les Illuminatis qui sont derrière eux à tirer les ficelles.

Il est important de laisser les historiens enquêter car avec le temps, des documents militaires sont déclassifiés, les langues se délient, la paix aidant les vaincus apportent leur version qui vient s'ajouter à celle des vainqueurs. Il est de fait que quand on veut dissimuler la vérité, l'argent et le pouvoir apportent la solution pour empêcher cette vérité d'apparaitre au grand jour, en légiférant une loi empêchant toute remise en cause de la version officielle. Comme cette loi contre la vérité *"la loi Gayssot"*.

Pourquoi interdire toute enquête par les historiens sur une période de l'Histoire si on ne craint pas la vérité ? Il est certain que dans un camps comme dans l'autre, personne n'a intérêt à ce que la vérité éclate au grand jour, étant donné que tout le monde a les mains sales.

Il faut que tous vous sachiez que la loi Gayssot fut votée afin d'empêcher les gens de savoir qu'une des principales raisons de cette guerre était d'organiser et légitimer la création d'un Etat d'Israël, le doter d'une armée privée (Le Mossad), le tout en partie payée par les contribuables européens des deux camps.

La deuxième raison était la dépopulation mondiale, priorité numéro un des Illuminatis comme vous pouvez le voir sur les pierres du Georgia Guidestones. Sur ces pierres figurent les Dix commandements des Illuminatis gravés sur les deux faces de 4 pierres érigées verticalement. Ils sont écrits en 8 langues différentes :

l'anglais, le russe, l'hébreu, l'arabe, l'hindi, le chinois (mandarin), l'espagnol (castillan) et le swahili.

- Maintenez l'humanité en dessous de cinq cent million d'individus en perpétuel équilibre avec la nature.

- Guidez la reproduction intelligemment en améliorant la forme physique et la diversité.

- Unissez l'humanité avec une nouvelle langue mondiale.

- Traitez de la passion, de la foi, de la tradition et de toutes les autres choses avec modération.

- Protégez les personnes et les nations avec des lois et des tribunaux équitables.

- Laissez toutes les nations gérer leurs problèmes internes, et réglez les problèmes extranationaux devant un tribunal mondial.

- Évitez les lois et les fonctionnaires inutiles.

- Équilibrez les droits personnels et les devoirs sociaux.

- Faites primer la vérité, la beauté, l'amour en

recherchant l'harmonie avec l'infini.

- Ne soyez pas un cancer sur la terre.

- Laissez de la place à la nature.

"La cause Juive" était donc le moyen le plus efficace pour créer cet Etat et cette armée. L'histoire a été déformée et figée dans le marbre (loi Fabius/Gayssot), les mensonges ont été entrés de force dès la plus jeune enfance dans les manuels scolaires, les Illuminatis, propriétaires de tous les principaux médias nous ont bassinés pendant plus de 60 ans avec leurs émissions "mémorielles".

Le meilleur moyen de manipuler l'opinion publique, est de prendre possession des médias et de jouer sur l'ignorance et la sensibilité des téléspectateurs, des lecteurs (dans la presse écrite), comme c'est le cas pour chaque conflit armé à travers le monde. A force de répéter sans cesses un mensonge, celui-ci finit par être pris pour une vérité par les ignorants.

La liberté de la presse est sensée être un droit mais en réalité, ce n'est plus un secret pour personne, la grande majorité des médiats importants sont la propriété des Juifs sionistes, des multinationales, des lobbys et ce, dans pratiquement tous les domaines. Et comme nous pouvons le constater lors de nombreuses émissions télé, ceux-ci s'acharnent à faire passer leurs ennemis pour des imbéciles antisémites.

Toute information passe par le filtre sioniste et correspond à cette phrase du Protocoles des Sages de Sion qui stipule que : "les goyim seront abrutis et éduqués par l'image". Les médias sont depuis toujours, le moyen le plus efficace de l'asservissement du peuple français, qui lui impose des personnalités juives sous des étiquettes politiques différentes.

Les Juifs Sionistes ont besoin de diviser pour dominer. Leur mainmise sur les médiats leur fournit les moyens d'une propagande massive et omniprésente. C'est à cela que sert le monstrueux mensonge de la « Shoah » dont j'ai parlé, qui est leur épée et leur bouclier. A la moindre menace, réelle ou supposée, en réponse au plus petit signe de réprobation, ils brandissent l'étendard de "l'holocauste". Désormais, tous ceux qui les contrarient en sont complices et sont d'office considérés comme des criminels antisémites.

La liste suivante reprend les noms de tous les juifs sionistes ayant occupé et occupent encore un poste clé au sein du gouvernement français et dans les médias :

- Robert Badinter. (1928, Paris) Alors qu'il était avocat de la LICRA contre Robert Faurisson, Mitterrand en fit son ministre de la justice en 1981. Président du Conseil Constitutionnel en 1986.

- Michèle Barzach (1943, Casablanca). Ancien ministre de la Santé et psychanalyste.

- Alexandre Benmakhlouf (1939, Oran). Ancien directeur de cabinet de l'ancien Garde des Sceaux Jacques Toubon marié à une juive.

- Jean-Louis Borloo (Paris, 1951). Avocat et ministre, marié à Béatrice Schönberg (née Szabo, juifs de Hongrie), présentatrice à France 2.

- Marie-Georges Kosellek (Sceaux, 1949), née d'un Paul Kosellek, juif de Pologne, et mariée

Buffet. Ministre communiste de la jeunesse et des sports.

- Le directeur de cabinet de Marie-Georges Kosellek-Buffet a été Gilles Smadja, ancien chef du service société du journal l'Humanité.

- Harlem Désir (1959,Paris) . Premier leader de SOS-Racisme, est amené au parti socialiste par son congénère Julien Dray député européen. Son père est martiniquais, mais sa mère juive d'Alsace.

- Pierre Drai (1926, Constantine), ancien Président de la cour de cassation et président de **"l'Association des Amis de l'université de Jérusalem"**.

- Tony Dreyfus (1939, Paris). Député-maire PS du Xe arrondissement de Paris depuis 1995.

- Luc Ferry (1951, Paris), a été ministre de l'éducation nationale.

- Lucien Finkelstein dit Finel a été président de l'Union libérale israélite de France et maire du IVe arrondissement de Paris.

- Charles Chilek , dit Fiterman (1933, Saint-

Etienne). Fils d'immigrés juifs, marchands ambulants de Pologne. Ancien ministre communiste des transports dans le gouvernement de Pierre Mauroy, sous François Mitterand et membre du parti socialiste en 1998.

- Patrick Goldenberg dit Gaubert (Paris, 1948). Franc-maçon, député européen et président de la LICRA.

- Françoise Gourdji-Giroud (1916-2003). Journaliste et ministre, de famille juive immigrée de Turquie.

- Gilles-William Goldnadel (en allemand, aiguille d'or) (1954, Rouen). Avocat, président *de l'Association France-Israël* dont la devise est :

"*A son attitude à l'égard d'Israël, on peut juger de la valeur spirituelle d'un peuple*".

Cette association, d'abord nommée *France-Palestine*, fut fondée en 1929 sous l'égide du premier Président juif de la République française, alors élu depuis 1924, Alexandre Millerand , né en 1859 à Paris, fils d'un portier de synagogue et avocat d'affaires inscrit au barreau de Paris en 1881, premier à être ministre socialiste du commerce en France sous le ministère Waldeck-Rochet en 1899 et donc premier membre socialiste d'un gouvernement bourgeois, et premier juif à accéder à la magistrature suprême. Il fut commissaire de la République en Alsace en 1919/1920 et organisa l'occupation militaire et le pillage économique de la Ruhr en 1923, et aussi fut un féroce ministre des colonies qui réprima des soulèvements, puis ministre des Affaires Etrangères etc).

- Alfred Grosser. Universitaire, professeur de sciences politiques né en 1926 dans une famille juive de Francfort sur le Main est venu en 1933 en France et en 1937 a acquis la citoyenneté française. Il fut actif dans la Résistance et censeur militaire à Marseille en 1945 ! Il a obtenu le prix 1975 de la librairie allemande pour son travail de rééducation du peuple allemand dans le sens voulu par les vainqueurs entre les mains du judaïsme, encore qu'il ait ensuite adouci hypocritement ses attaques contre l'Allemagne.

- Nicole Guedj (1955, Constantine). Avocate

et ministre UMP née en Algérie. Membre du CRIF, de la LICRA et autres organisations communautaires juives.

- Gisèle Halimi . (1927, Tunisie). Leader féministe devenue ensuite ambassadeur de France à l'Unesco. Née en Tunisie sous le nom de Zeiza Giselle Taleb. Elle reçut l'autorisation de changer son nom par le décret paru au *Journal officiel* du 7 mars 1996. Son fils, Serge Halimi est essayiste, spécialisé dans la critique des medias.

- Eric Halphen. Magistrat et politicien.

- Marek Halter (1936, Varsovie - il a varié de date de naissance). Il réside aussi en Russie où il dirige un institut, a fait voter pour Sarkozy, est un avocat du sionisme.

- Adeline Hazan (1956, Paris). Socialiste, Ancienne présidente du syndicat de la Magistrature. Née de père juif d'Egypte. Jospin, l'avait chargée des problèmes de "La Ville".

- Philippe Herzog, fils d'Eugène Herzog, ingénieur chimiste juif de Croatie immigré en France en 1927. Il était le principal économiste du Parti communiste "français".

- Denis Jeambar . Directeur de la rédaction de L'*Express*. Comme il l'a expliqué à Tribune juive (14 mars 1996), il descend d'une famille juive du Comtat Venaissin :

"*Je suis d'origine juive par ma mère, bien que baptisé (chrétien). Je me sens très attaché à Israël.*"

- Yves Jouffa (1920-1999) ancien responsable socialiste. Enfermé au camp de Drancy en 1941-42, il devient l'un des administrateurs du camp sous direction juive. Il adhère ensuite à l'Union générale des Israélites de France dont son père était trésorier. De 1984 1991, il préside la Ligue des Droits de l'Homme.

- Pierre Joxe. (1934, Paris). Franc-maçon, Petit fils de Daniel Halévy et fils de l'ancien ministre gaulliste Louis Joxe converti au protestantisme. Pierre Joxe fut inscrit à la CGT en 1981. Longtemps ministre socialiste.

- Georges Kiejman (1932, Paris). Avocat, ministre de la justice sous Mitterrand dont il était très proche. Egalement membre du Conseil de surveillance du journal Le Monde.

- Guy Konopnicki.(1948) membre du parti communiste de 1963 à 1978. Issu d'une famille de juifs sionistes de Pologne. Membre fondateur de SOS Racisme, il en démissionne le 18 janvier 1991 pour protester contre les positions pacifistes du mouvement pendant la guerre du Golfe. Voici l'une de ses plus explicites de ses déclarations publiques : *"Cette fois, je le dis sans honte, j'ai applaudi lorsqu'un déluge de feu est tombé sur l'Irak."*

- Bernard Kouchner (1939):   Avignon, de famille juive de Lituanie immigrée. Un des fondateurs de ***Médecins sans Frontières***, devenu ensuite ministre du gouvernement socialiste. En 1967, il voulut s'engager en Israël et en 1981, il a apporté son soutien au Renouveau juif pour faire battre Valéry Giscard d'Estaing Marié à la journaliste juive de Belgique Christine Ockrent. Sarkozy l'a choisi comme ministre des Affaires Etrangères.

- Brice Lalonde (1946, Neuilly): Son grand-père Roger-Raphaël Lévy, et son père, Alain-Gauthier Lévy, ont changé leur nom en Lalonde après la Seconde Guerre mondiale (décret du 16 février 1950). Il a longtemps milité à l'extrême-gauche, notamment à l'UNEF, dont il a été le président.

- Pierre Allouche, dit Lellouche (né à Tunis, 1951 dans une famille juive de Sousse (Sahel tunisien). Il a été en 2004 Président de l'Assemblée Parlementaire de l'OTAN.

- Corinne Lepage.(1951): Avocate, devenue ministre de l'environnement du gouvernement Juppé. Elle est la fille de Jacqueline Schulman et de Philippe Lévy, autorisé à changer son nom en Lepage par décret du 18 février 1950.

- Jean-David Levitte (1946,Moisssac):
Conseiller diplomatique de Jacques Chirac (qui le désavoua car il critiqua l'attitude de la France hostile à l'invasion de l'Irak) de 1995 à 2000. Il a été représentant de la France auprès de l'ONU et aujourd'hui chef de la cellule diplomatique de l'Elysée sous Sarkosy.

- Bernard-Henri Lévy : né à Béni-Saf en Algérie (1946) de père devenu millionnaire grâce notamment à l'exploitation du bois en Afrique (au Gabon) et en Amazonie. C'est aussi un des proches de Nicolas Sarkozy. Sa fille, Justine Levy est romancière.

- Raymond Haïm Levy (1927, Paris). Ancien président de Renault, aujourd'hui président du conseil de surveillance de Lagardère. Il entretient des relations privilégiées avec Dominique Strauss-Kahn.

- Alain Lipiec ou Lipietz (1947,Charenton sur-le Pont). Député européen des Verts, de famille juive de Pologne, et son père ayant été membre de la Main d'œuvre Immigrée(MOI), organisation juive communiste, qui fut dans la résistance armée juive et sioniste, avec le drapeau du futur Etat d'Israël, en France.

- Gérard Marcus (1933, Paris). Richissime propriétaire d'une des plus importantes galeries de tableaux de Paris. Député du 9ème arrondissement. Membre du bureau politique du RPR depuis 1985. Président du groupe d'amitié parlementaire France-

Israël.

- Pierre Moscovici. Ancien militant trotskyste, devenu ensuite ministre socialiste des affaires européennes. Vice-président du Parlement européen.

- Véronique Nemertz. Ex-ministre socialiste. Mariée à Patrick Nemertz, Directeur général de Christian Dior.

- Michel Noir (1944, Lyon). Juif par sa mère, Rose Dreyer. Ancien ministre de Chirac et maire de Lyon. Sa carrière politique a été compromise par une affaire de corruption.

- Christian Poncelet .(1928 à Blaise dans les Ardennes), président franc-maçon RPR du Sénat.

- Nicolas Sarkozy-Mellah. Juif par sa mère faite catholique, née Andrée Mellah qui est originaire de Salonique, comptant dans sa famille le premier président de la fédération sioniste de Grèce et aussi l'éditeur du premier journal sioniste de Salonique, ville dont la moitié de la population était juive sous l'empire ottoman et d'où sont issus les juifs infiltrés que sont de nombreux dits "jeunes Turcs" dont

Mustafa Kémal.

- Pierre Schapira. Conseiller PS de Paris et vice-président du Conseil économique et social.

- Olivier Schramek. Directeur de cabinet de Lionel Jospin (1999). "Athée quoique d'origine juive" (VSD, 28 avril 1989). Il est le petit neveu d'Abraham Schramek qui fut ministre de l'Intérieur du "Cartel des Gauches" avant la guerre.

Cet Abraham Schramek a été l'un des politiciens les plus puissants en France, né à Saint-Etienne en 1867 et mort à Paris en 1948. Il commença par être préfet du département du Rhône, puis Gouverneur général de Madagascar, qui comprenait de nombreux juifs, et de1920 à 1940 Sénateur de Paris. Sous le Président du Conseil Painlevé il a été ministre de l'intérieur et ministre de la Justice.Il vota les pleins pouvoirs au maréchal Pétain.

- Roger-Gerard Schwartzenberg, (1943, Pau) . Ministre de la recherche du gouvernement Jospin. Cousin de Léon Schwartzenberg, autre ministre, décédé en 2003.

- Jean-Jacques Schreiber (1924, Paris-2006) dit Servan-Schreiber. Journaliste et homme politique, appartenant à une puissante famille juive d'Alsace. Fondateur de l'*Express* avec Françoise Giroud. Parmi les membres influents de sa famille, on peut citer Jean-Louis Servan-Schreiber, fondateur de L' ***"Expansion"*** et directeur de "***Psychologies magazines***", Brigitte Gros, journaliste et politicienne (décédée en 1985) et Christine Collange, journaliste.

- Jacques ATTALI. Banquier et écrivain, né en Algérie. Il est le fils d'un riche parfumeur algérois qui aurait voulu être rabbin. La famille s'est installée en France en 1956. Jacques Attali devient le conseiller spécial de Mitterrand dès le 11 mai 1981, puis, le président de la Banque européenne de développement où ses largesses pour lui-même et ses amis font scandale. Il a fait l'apologie de la puissance financière juive et milite pour l'entrée de la Turquie en Europe. Son frère Bernard ATTALI était PDG d'Air France avant de se mettre au service des entreprises américaines opérant dans les rachats d'entreprises stratégiques en France.

- Jean-François COPE :

« *Je suis Juif non-pratiquant, mais je veille à demeurer, avant tout, le représentant d'une autorité laïque.* » (*Tribune juive*, 15.02.2002). Membre du Groupe Bilderberg en 2003.

-     Daniel   COHN-BENDIT :   Agitateur politique. Pseudo écologiste marxiste et pédophile notoire.

- Jean-Pierre CHEVENEMENT,. Ancien ministre socialiste, issu d'une famille juive originaire d'Allemagne installée à Belfort. Son épouse, la sculpteuse Nisa GRUNBERG est née en Egypte dans une famille juive et ses enfants sont juifs pratiquants.

- DEBRE, Michel. L'ancien Premier ministre (décédé) du général de Gaulle a renoué avec ses racines juives au crépuscule de sa vie. Il était petit-fils du grand rabbin Simon DEBRE, originaire d'Alsace. Parmi ses enfants, on peut citer Jean-Louis DEBRE, Président de l'Assemblée nationale très proche de Chirac et Bernard DEBRE, urologue, ancien député et ministre de la Coopération.

- Bertrand DELANOE,. Maire homosexuel de Paris. Se sert de son mandat pour promouvoir et subventionner avec l'argent public quantité d'associations et d'initiatives pro-homosexuelles (Gay Pride…).

- Tony DREYFUS,. Député-maire PS du Xe arrondissement de Paris.

- Laurent FABIUS,. Ancien Premier ministre et Président de l'Assemblée nationale socialiste, compromis dans le scandale du sang contaminé par le virus du sida. Son père, André FABIUS, était un richissime marchand de tableau. Sa mère, née STRASBURGER, est issue d'une famille de bijoutiers juifs de Francfort. Il est le principal promoteur de la loi Fabius-Gayssot de 1990 qui a mis fin à la liberté d'expression en France, et ensuite celle de 1996, qui institue la délation pour permettre aux associations "antiracistes" sous domination juive d'imposer la terreur de la pensée unique.

-Françoise GIROUD, née Léa Françoise GOURDJI, devenue GIROUD par décret du 12 juillet 1964. Son père Salih GOURDJI était originaire de Turquie. Sa mère s'appelait Elda FARRAGI. Journaliste et ministre, née dans une famille juive de Turquie.

- Jack LANG,. Ministre socialiste né dans les Vosges dans une famille juive. Son épouse, née BUCZYNSKY est issue d'une famille juive de Pologne. Il se considère comme "Juif" par sédimentation: "mon père était un Juif laïc, et ma femme, d'origine polonaise, vient d'un milieu beaucoup plus religieux. Nos enfants ont reçu une véritable éducation juive (sioniste) et ont été très actifs au sein de la communauté juive de Nancy" (Tribune Juive, 21.01.1983). *Cette liste détaillée, vous pouvez la retrouver sur les moteurs de recherches.*

Ils sont en effet les premiers responsables et les principaux bénéficiaires des idéologies les plus malfaisantes ayant sévi au cours des deux derniers siècles : le capitalisme, le social communisme, l'antiracisme, l'individualisme asocial, le mondialisme néolibéral. Plusieurs dizaines de millions d'innocents ont péri par les guerres et les révolutions qu'ils ont fomentées et des milliards de gens qui ne leur ont jamais fait le moindre mal, vivent maintenant dans l'humiliation et le désespoir. Même la survie de l'humanité se retrouve gravement menacée par la dégradation de la planète dans laquelle ils ont davantage contribué que tout autre groupe, étant donné leur exceptionnelle réussite. Avec la globalisation que personne, en dehors des multinationales et de leurs profiteurs, n'a réellement souhaitée, le voisinage des sionistes devient aussi mondial. Les mêmes causes provoquant les mêmes effets, comme fatalement, les sentiments de rejet à leur endroit ne cessent de se développer jusqu'aux recoins de la planète. A croire que ce que l'on qualifie d' "antisémitisme" est véritablement une réaction allergique qui se manifeste au seul contact des Juifs triomphants. Il n'y aurait alors que les abrutis par le discours antiraciste pour s'imaginer que la responsabilité en incombe au "préjugé raciste" qu'il conviendrait de combattre avec davantage d'endoctrinements et de répression.

Si l'on veut enrayer le mal, ce n'est pas aux victimes de l'infection qu'il convient de pointer le doigt mais aux agents propagateurs de la maladie.

Les Juifs sionistes sont porteurs d'antisémitisme, comme le vent du désert est porteur de sable. Depuis les origines du monothéisme hébraïque, par le biais de la doctrine de **"l'élection divine"** au profit exclusif de leur tribu, les Juifs sionistes talmudistes se sont d'eux-mêmes exclus de la communauté des nations, qu'ils rejettent avec mépris et qualifient de **"goyim."**

CHAPITRE 11
LE PILLAGE DES TERRES ETRANGERES
ET LA RESPONSABILITE DE NOS ELITES

On ne peut pas parler de Capitalisme et de "Nouvel Ordre Mondial", sans mettre en exergue son côté obscur, sans faire appel à la mémoire collective des anciens, en faisant l'impasse sur le pillage des richesses naturelles de la terre, en particulier celles des autres. Certains d'entre vous voient très bien de quoi je parle, mais pour ceux qui croient encore tout ce que leurs médias-mensonges leur disent et leur montrent, il serait utile de leur ouvrir un peu les yeux afin qu'ils prennent enfin conscience de ce qui se passe réellement sur le continent africain depuis des décennies, et les répercutions occasionnées sur le peuple français (et sur l'ensemble des pays occidentaux dont les gouvernements se sont rendu coupables des faits).

Le saviez-vous ? Aujourd'hui encore, beaucoup de pays africains continuent de payer un impôt colonial en France, et ce malgré l'indépendance !

Lorsque Sékou Touré de Guinée décida en 1958 de sortir de l'empire colonial français, et opta pour l'indépendance de son pays, l'élite coloniale française à Paris ne voyant pas les choses de cet œil s'est indignée et demanda à son administration alors en place en Guinée, de faire détruire tout ce qui représentait les "avantages" de la colonisation française. Trois mille Français quittèrent le pays, en prenant tous leurs biens, détruisant tout ce qui ne pouvait être déplacé : écoles, crèches, bâtiments de l'administration publique, voitures, livres, médicaments, les instruments de l'institut de recherche, les tracteurs ont été écrasés et sabotés. Pour bien faire comprendre jusqu'où la France était capable d'aller dans sa capacité dévastatrice, les chevaux, les vaches et toutes autres bêtes vivant dans les fermes ont été massacrées, toutes les réserves de nourritures entreposées furent brûlées ou empoisonnées. Une réaction extrême et scandaleuse dont le seul et unique but était d'envoyer un message clair et puissant à toutes les autres colonies sur ce qui leur en coûterait en cas de rejet de la France. Si bien que peu à peu, la peur s'empara des Élites Africaines, et qu'aucun autre pays du continent ne trouva jamais le courage de suivre l'exemple de Sékou Touré, dont le slogan était "Nous préférons la liberté dans la pauvreté à l'opulence dans l'esclavage".

Pour les pays nouvellement indépendant il fallut trouver des compromis avec la France. Sylvanus Olympio, le premier président de la République du Togo, un petit pays d'Afrique de l'Ouest, trouva une solution susceptible de calmer les Français :

Ne voulant pas continuer à subir une domination française, il refusa de signer le pacte colonisation proposé par De Gaule, mais accepta en contrepartie de payer une dette annuelle à la France pour les soi-disant avantages obtenus lors de la colonisation française. Ce furent les seules conditions de la France pour ne pas détruire le pays avant de partir. Toutefois, le montant estimé par la France était si grand que le remboursement de la soi-disant "dette coloniale" était proche de 40 % du budget du pays en 1963. Dès lors, la situation financière du Togo tout juste indépendant fut très instable, et afin de se sortir de cette situation,

Olympio décida de sortir du système monétaire mis en place par la France coloniale le FCFA (franc des colonies françaises d'Afrique), et créa la monnaie du pays.

Le 13 Janvier 1963, trois jours après, qu'il ait commencé à imprimer les nouveaux billets, une escouade de soldats (soutenus par la France) s'empara et tua le premier président élu de l'Afrique indépendante : **Olympio** fut exécuté par un ex Légionnaire, le sergent Etienne Gnassingbé qui, au passage, reçu à ce moment une prime de 612 dollars de l'ambassade française locale pour le succès de sa mission. Le rêve de **Olympio** était de construire un pays indépendant et autonome, mais l'idée ne correspondait pas aux volontés françaises.

Le 30 Juin 1962, **Modiba Keita**, le premier président de la République du Mali , décida également de se retirer du système monétaire FCFA (imposé à 12 pays africains nouvellement indépendants).

En effet, pour le président malien, qui se penchait plus vers une économie socialiste, il était clair que la colonisation qui perdurait avec ce pacte avec la France, devenait un piège, un fardeau pour le développement du pays.

Le 19 Novembre 1968, comme, Olympio, Keita sera victime d'un coup d'état menée par un autre ex légionnaire français affecté aux Affaires étrangères, le lieutenant **Moussa Traoré.** De fait, durant cette période turbulente où l'Afrique combattait à se libérer du joug de la colonisation européenne, la France usera à nombreuse reprises de mercenaire anciennement affiliés à la légion étrangère pour réaliser des opérations coup de poings contre les présidents nouvellement élus :

- Au 1er Janvier 1966, **Jean- Bedel Bokassa**, ex légionnaire français, portait un coup d'état contre **David Dacko**, le premier président de la République centrafricaine.

- Le 3 Janvier 1966, **Maurice Yaméogo**, le premier président de la République de Haute-Volta, aujourd'hui appelé Burkina Faso, a été victime d'un coup porté par **Aboubacar San-**

goulé Lamizana, un ex légionnaire français qui a combattu avec les troupes françaises en Indonésie et en Algérie contre ces pays l'indépendance.

- Le 26 Octobre 1972 **Mathieu Kérékou** qui était un garde de sécurité au président **Hubert Maga**, le premier président de la République du Bénin, a porté un coup d'état contre le président, après avoir fréquenté les écoles militaires françaises de 1968 à 1970.

En fait , au cours des 60 dernières années, un total de 67 coups état qui se sont passés dans 26 pays en Afrique, 16 de ces pays sont des ex- colonies françaises, ce qui signifie que 61 % des coups d'états en Afrique ont été initiés dans d'anciennes colonies françaises.

Comme ce chiffre le démontre, la France est tout à fait désespérée, mais active à conserver une forte emprise sur ses colonies peu importe comment, peu importe le prix. En ce moment même où j'écris ce chapitre, 14 pays africains sont obligés par la

France, à travers le pacte colonial, de mettre 85% de leurs réserves à la banque centrale de France sous le contrôle du ministère des finances français (eux-mêmes sous contrôle de la BCE). Jusqu'à maintenant, le Togo et environ 13 autres pays africains doivent encore payer la dette coloniale en France. Les dirigeants africains qui refusent sont tués ou victimes de coup d'état. Ceux qui obéissent sont soutenus et récompensés par la France grâce à style de vie somptueux, tandis que leurs populations endurent la misère et le désespoir.

Un tel système est dénoncé par l'Union européenne, mais la France n'est pas prête à se passer de ce système colonial qui lui offre une trésorerie d'environ 500 milliards de dollars en provenance de l'Afrique, chaque année.

Nous accusons souvent les dirigeants africains de corruption et de servir les intérêts des nations occidentales, mais il y a une explication claire à ce comportement. Ils se comportent ainsi parce qu'ils ont peur d'être tués ou d'être la victime d'un coup d'état.

Ils veulent s'allier à une nation puissante pour se sauvegarder en cas d'agression ou de difficultés. Mais, contrairement à une protection amicale, la protection de l'Ouest est souvent offerte en échange du renoncement à servir leur propre peuple ou les intérêts des nations. Les dirigeants africains travailleraient dans l'intérêt de leur peuple s'ils n'étaient pas constamment harcelés et intimidés par les pays coloniaux.

En 1958, effrayé des conséquences de son choix d'indépendance face à la France, Léopold Sédar Senghor a déclaré : "Le choix du peuple sénégalais, c'est l'indépendance, ils veulent qu'elle ait lieu seulement dans l'amitié avec la France, pas en litige."

Dès lors la France a accepté qu'une "indépendance sur le papier" pour ses colonies, mais a signé en parallèle des "accords de coopération", précisant la nature de leurs relations avec la France, en particulier les attaches envers la monnaie (le Franc), le système éducatif français, les ententes militaires et les préférences commerciales.

Voici les 11 principales composantes de la poursuite du pacte de colonisation depuis les années 1950 :

1 . La dette coloniale pour les avantages de la France colonisation:

Les pays nouvellement « indépendants » doivent payer pour l'infrastructure construite par la France dans le pays pendant la colonisation.

2 . Confiscation automatique des réserves nationales:

Les pays africains doivent déposer leurs réserves monétaires nationales en France à la banque centrale. La France a tenu des réserves nationales de quatorze pays africains depuis 1961 : Bénin, Burkina Faso, Guinée- Bissau, Côte-d'Ivoire, Mali, Niger, Sénégal, Togo, Cameroun, République centrafricaine, Tchad, Congo -Brazzaville, la Guinée équatoriale et le Gabon. La politique monétaire régissant un tel regroupement diversifié de pays est simple car il est géré par le Trésor français, sans en référer aux autorités fiscales centrales comme l'UEMOA ou de la CE-MAC. Selon les termes de l'accord qui a été mis en place par la banque centrale du CFA, chaque Banque centrale de chaque pays africain est obligée de garder au moins 65 % de ses réserves de change dans un « compte d'opérations » tenu au Trésor français, ainsi qu'un autre 20 % pour couvrir les passifs financiers.

Les banques centrales CFA imposent aussi un plafond sur le crédit accordé à chaque pays membre à l'équivalent de 20 % des recettes publiques de ce pays sur l'année précédente. Même si la BEAC et la BCEAO ont une facilité de découvert auprès du Trésor français, les traites sur les facilités de découvert sont sous réserve du consentement du Trésor français. Le dernier mot est celui de la Trésorerie française qui a investi les réserves étrangères des pays africains en son propre nom à la Bourse de Paris.

En bref, plus de 80% des réserves de change de ces pays africains sont déposées dans les « comptes d'opérations » contrôlés par le Trésor français . Les deux banques CFA sont africaines de nom, mais n'ont pas de politiques monétaires propres. Les pays eux-mêmes ne savent pas, ne sont pas informés, à hauteur de combien la réserve de change détenues par le Trésor français leur appartient en tant que groupe ou individuellement. Les gains de l'investissement de ces fonds du Trésor français sont censés être ajouté à la réserve de change, mais il n'y a pas de comptabilité transmise aux banques ou aux pays, ni les détails de ces modifications. « Seul un groupe restreint de hauts fonctionnaires du Trésor français connaissent les montants figurant dans les « comptes d'opérations » où ces fonds sont investis ; si il y a un bénéfice sur ces investissements ; ils ont interdiction de divulguer ces informations aux banques CFA ou aux banques centrales des états africains. " écrit le Dr Gary K. Busch.

Il est estimé que la France gère près de 500 milliards d'argent africain dans sa trésorerie, et ne fait rien pour mettre un peu de lumière sur ce côté sombre de l'ancien empire. Les pays africains n'ont pas accès à cet argent. La France leur permet d'accéder à seulement 15 % de leur argent par an. S'ils ont besoin de plus, les pays africains doivent emprunter, à des taux commerciaux, sur les 65% de leur argent détenu au Trésor français.

Pour rendre les choses plus tragiques, la France impose un plafond sur le montant de l'argent que les pays peuvent emprunter à la réserve. Le plafond est fixé à 20 % de leurs recettes publiques de l'année précédente. Si les pays ont besoin d'emprunter plus de 20% de leur propre argent, la France a un droit de veto.

3. Droit de priorité sur toute ressource brute ou naturel découverte dans le pays:

La France a la priorité en matière d'achats de toutes les ressources naturelles de la terre de ses ex-colonies. C'est seulement un refus de celle-ci que les pays africains sont autorisés à chercher d'autres partenaires.

4. Priorité aux intérêts et aux entreprises françaises dans les marchés publics et constructions publiques:

Dans l'attribution des marchés publics, les entreprises françaises doivent être considérées en premier lieu, et seulement après les marchés étrangers sont considérés. Le fait que les pays africains pourraient obtenir une meilleure offres financière ailleurs n'est pas prit en compte. En conséquence, dans la plupart des ex- colonies françaises, toutes les plus grosses compagnies et acteurs économiques sont dans la main des expatriés français. En Côte d'Ivoire, par exemple, les entreprises françaises possèdent et contrôlent tous les grands services publics – eau, électricité, téléphone, transports, ports et les grandes banques. Idem dans le commerce, la construction et l'agriculture. En fin de compte, les Africains vivent maintenant sur un continent possédé par les Européens !

5. Droit exclusif de fournir des équipements militaires et de former les officiers militaires des pays:

Grâce à un système sophistiqué de bourses, de subventions, et les "accords de défense" attachés au pacte colonial, les africains doivent envoyer leurs officiers supérieurs de formation en France ou dans des infrastructures militaires françaises.

La situation sur le continent est telle que la France a formé et nourris des centaines, voire des milliers de traîtres. Ils sont en sommeil tant qu'ils ne sont pas nécessaires, et activés en cas de besoin pour un coup d'état ou à d'autres fins !

6. Droit pour la France de déployer des troupes et intervenir militairement dans le pays pour défendre ses intérêts:

Sous la dénomination "Accords de défense" attachés au pacte colonial. La France a le droit d'intervenir militairement dans les pays africains, et aussi de stationner des troupes en permanence dans des bases et installations militaires, entièrement géré par les Français. Lorsque le président Laurent Gbagbo de Côte d'Ivoire a tenté de mettre fin à l'exploitation française du pays, la France a organisé un coup d'état. Durant le long processus pour chasser Gbagbo du pouvoir, les tanks français, les hélicoptères de combat et les forces spéciales sont intervenues directement dans le conflit, ont tiré sur des civils et tué beaucoup d'entre eux. Pour ajouter l'injure à l'insulte, la France estime que la communauté d'affaires française a perdu alors plusieurs millions de dollars lors de la ruée pour quitter Abidjan en 2006 (où l'armée française a massacré 65 civils non armés et blessé 1200 autres.)

Après la réussite du coup d'état par la France, et le transfère de pouvoir à Alassane Ouattara, la France a demandé au gouvernement Ouattara de verser une indemnité à la communauté d'affaires française pour les pertes pendant la guerre civile. Du fait, le gouvernement Ouattara leur a payé le double de ce qu'ils ont dit qu'ils avaient perdu en quittant.

7. Obligation de faire du français la langue officielle du pays et de la langue pour l'éducation:

Oui, monsieur ! Vous Devez parler français, la langue de Molière ! La langue française et une organisation de la diffusion de la culture a été créé. Appelé "Francophonie" qui regroupe avec plusieurs branches et organisations affiliées toutes contrôlées par le ministre français des Affaires étrangères. Comme démontré dans cet article, si le français est la seule langue que vous parlez, vous auriez accès à moins de 4% de la connaissance de l'humanité et des idées. C'est très limitant.

8. Obligation d'utiliser la l'argent de la France coloniale le FCFA:

C'est la véritable vache à lait pour la France, un tel système maléfique, est dénoncé par l'Union européenne, mais la France n'est pas prête à se passer de ce système colonial qui lui offre une trésorerie d'environ 500 milliards de dollars en provenance de l'Afrique, et ce par année.

Lors de l'introduction de la monnaie euro en Europe, d'autres pays européens ont découvert le système d'exploitation français. Beaucoup, en particulier les pays nordiques, ont été consternés et ont suggéré à la France se débarrasser du système, mais sans succès.

9. Obligation d'envoyer le rapport annuel France du solde et de réserve:

Sans le rapport, pas d'argent. Quoi qu'il en soit le secrétaire des banques centrales des ex- colonies, et le secrétaire de la réunion biannuelle des ministres des Finances des ex- colonies est effectué par la France banque centrale / du Trésor.

10. Renonciation à entrer en alliance militaire avec tout autre pays , sauf autorisation par la France:

Les Pays africains en général sont ceux avec le moins d'alliance militaires inter-état. La plupart des pays ne disposent que d'alliances militaires avec leurs ex-colonisateurs ! (drôle, mais vous ne pouvez pas faire mieux !).

Dans les cas où ils souhaiteraient une autre alliance, la France les garde bien de le faire.

11. Obligation de s'allier avec la France en situation de guerre ou de crise mondiale:

Plus d'un million de soldats africains se sont battus pour la défaite du nazisme et du fascisme pendant la seconde guerre mondiale. Leur contribution est souvent ignorée ou minimisée, mais quand vous pensez que cela a pris seulement 6 semaines à l'Allemagne pour vaincre la France en 1940, la France sait que les Africains pourraient être utiles pour conserver la "Grandeur de la France" à l'avenir.

Il y a quelque chose de quasiment psychopathe dans la relation de la France avec l'Afrique, puisqu'elle est gravement accro au pillage et à l'exploitation de l'Afrique depuis l'époque de l'esclavage. Ensuite, il y a ce manque complet de la créativité et de l'imagination de l'élite française à penser au-delà du passé et de la tradition. Enfin, la France dispose de 2 institutions qui sont complètement gelées dans le passé, habitées par des paranoïaques et psychopathes "les hauts fonctionnaires" qui répandent la crainte de l'apocalypse si la France devait être amenée à changer, et dont la référence idéologique vient toujours du romantisme du 19ème siècle.

Ils sont : le ministre de la Finances et du Budget de la France et le ministre des affaires étrangères de la

France. Ces deux institutions ne sont pas seulement une menace pour l'Afrique, mais pour les Français eux-mêmes. A titre de comparaison historique, la France a fait payer à Haïti l'équivalent moderne de 21 milliards de dollars de 1804 à 1947 (près d'un siècle et demi) pour les pertes causées aux marchands d'esclaves français suite à l'abolition de l'esclavage et à la libération des esclaves haïtiens. Les Pays africains paient la taxe coloniale depuis les 50 dernières années, donc je pense qu'un siècle de paiement pourrait être de trop. « *Mawuna Remarque Koutonin.* »

Je n'ai certes pas étudié la finance dans les meilleures universités du monde, mais mes deux années passées à étudier les sciences économiques m'ont apporté suffisamment de connaissances pour comprendre qu'en creusant un peu, l'on est en droit de se demander : comment se fait-il que l'Afrique, qui possède les plus grandes réserves d'or effectives au monde, de diamants et autres richesses naturelles, que l'on ose encore nous faire croire que c'est l'Occident qui vient en aide à l'Afrique ? N'oublions pas que l'Occident dépend entièrement des richesses naturelles africaines par tous ses aspects possibles. Qu'avons-nous comme richesses naturelles en Occident ? Rien ! Absolument rien, pas même de richesses alternatives.

J'ai encore en mémoire l'interview de l'ancien Président de la République (Monsieur Jacques CHIRAC) disant : "Il nous faut être honnêtes et reconnaître qu'une grande partie de l'or et de l'argent qui dorment dans les coffres de la Banque de France et dans les autres sont précisément issu de l'exploitation et le pillage du continent africain."

En 2008, il ajouta que : "sans l'Afrique, la France serait reléguée au rang des puissances du Tiers-monde."

Même le FMI a reconnu que six des dix économies les plus florissantes au monde sont en Afrique, selon la croissance de leur PIB.

Après on nous bassine avec l'aide internationale, les actions humanitaires et tout le tra la la ! On ne cesse de nous faire des annonces télévisées pour faire des dons à tout va. Merci la Croix rouge, UNICEF, MSF etc. Pour ne citer que ceux à qui vous faites cadeau chaque année à la même période d'un billet qui n'est en réalité qu'une forme d'impôt sur le droit de piller la terre des autres et de faire crever de pauvres gens ! Saviez-vous seulement que tous ces organismes prétendus "humanitaires" sont toutes membres du Club BILDERBERG ?

Il faut que vous compreniez que l'idée qu'un seul pays du continent africain puisse être équilibré et combatif, qui ne disperserait pas ses propres richesses comme il le souhaiterait, qu'il puisse vendre ses richesses au prix du marché, est absolument inconcevable ! Et pour cause, cela déstabiliserait et affaiblirait complètement, et de manière considérable toute l'économie occidentale bâtie sur le système post colonial du pillage à volonté.

On ne cesse de nous présenter l'Afrique comme un continent pauvre que l'on doit aider alors qu'en réalité, nous sommes le continent pauvre. Pendant qu'une main vole, l'autre main joue la secouriste de fortune, les héros venu sauver les pauvres petits blacks ! en offrant quelques beaux cahiers scolaires, des crayons de couleur, un sac de riz de ou de farine de mauvaise qualité transgénique de cent kilos pour un village de trois cent âmes ! Vous pensez réellement que vous aidez les pays africains ? Êtes-vous assez naïfs pour le croire ? Mes pauvres amis.

Avez-vous seulement déjà entendu parler une seule fois du partage des pays africains entre les oligarques occidentaux, en fonction de leurs intérêts économiques respectifs ? Non ! Et bien allons-y pour un petit cours d'histoire, j'adore me rendre utile ! Après tout c'est aussi mon rôle d'enseignant de le faire. Non pas celle que l'on vous sert dans les livres d'histoire mensongers, mais la vraie.

Nous ne pouvons pas toujours laisser aller les choses dans le sens des riches, car le mode de production capitaliste a ses propres contradictions internes. C'est un système économique qui s'autodétruit parce qu'il n'est pas guidé par la raison. Il porte en lui sa propre fin. Certes ce n'est pas pour demain ni pour dans dix ans, mais il ne fait aucun doute que cette fin est inévitable.

Comment ne pas parler de tous ces chefs d'états africains assassinés pour avoir osé s'opposer à la puissance occidentale ?

Saviez-vous que depuis 1963, ce sont plus de 22 présidents Africains, alors au pouvoir, qui ont été assassinés parce qu'ils gênaient les puissances coloniales en place, y compris la France. Vous pensez vraiment que nos soldats sont sur le terrain pour y rétablir une démocratie et mettre fin aux dictatures ?

Les gens bien informés n'ignorent pas que De Gaulle, ce grand homme, a sacrifié les indépendances africaines au profit de celle de la France pour quatre bonnes raisons :

— la première, c'est le rang de la France à l'ONU avec un cortège d'Etat clients qui votent à sa suite ;

— la deuxième, c'est l'accès aux matières premières (pétrole, uranium) ou encore l'or, le bois, le cacao ;

— la troisième, c'est le financement de la vie politique française, à travers des prélèvements sur l'aide publique au développement ou la vente des matières premières ;

— la quatrième raison, c'est le rôle de la France comme sous-traitant des Etats-Unis auprès des pays d'Afrique. Donc, pour ces quatre raisons, la France a mis en place un système qui nie les indépendances.

Au Cameroun : **L'UPC**, luttait pour obtenir l'indépendance. **Nyobé** a été écrasé entre 1957 et 1970 dans un bain de sang qui a fait entre 100.000 et 400.000 morts.

Togo : plus d'un quart de siècle de dictature avec la complicité de la France. Trois ans à peine après l'indépendance de la jeune République togolaise, ce fut l'irruption brutale de l'armée dans la vie politique. Le 13 janvier 1963, **Sylvanus Olympio**, le premier président démocratiquement élu est assassiné par le sergent Etien après la guerre du Vietnam. Ils ont fait un coup d'Etat avec l'appui de l'officier français qui était soi-disant chargé de la sécurité. **Eyadema Etienne** a passé plus de quarante ans au pouvoir et laissa un pays dans le chao et la pauvreté. Décédé en 2005, son fils **Faure Eyadema** le remplace et cela avec l'appui de la France.

En Centrafrique: **Barthélemy Boganda** trouve la mort le 29 mars 1959, dans une catastrophe aérienne entre Berberati et Bangui, alors qu'il était en campagne à l'intérieur de son pays.

Abel Goumba, médecin diplômé d'outre-mer, ministre d'Etat et président du Conseil de gouvernement, marionnette de la France, est chargé de l'intérim.

David Dacko, jeune instituteur et héritier spirituel de **Barthélemy Boganda** et, avec l'appui des milieux français de Bangui, réussit à écarter **Abel Goumba** de la succession. En juillet 1959, l'Assemblée lui refuse les pleins pouvoirs. Il fait démissionner **Abel Goumba** resté au gouvernement. Celui-ci fonde alors un parti d'opposition le **MEDAC** (Mouvement d'évolution démocratique de l'Afrique centrale). **David Dacko** dissout le parti et emprisonne ses dirigeants. La République centrafricaine est alors en proie à de graves crises financières (détournements de deniers publics). Plutôt que de tout mettre en œuvre pour redresser le pays, il décide de remettre le pouvoir au chef d'Etat major le colonel **Jean Bedel Bokassa** le 1er janvier 1966. La France érige alors le pays en Empire et pille les ressources centrafricaines, après quoi Bokassa tombe et meurt dans la misère.

Dans Les Comores : deux chefs d'Etat sont assassinés et deux autres déposés par le mercenaire Bob Denard.

Au Niger : le jour où le Nigérien **Hamani Diori** a voulu vendre son uranium à un autre pays, il est aussitôt victime d'un coup d'Etat militaire.

Gabon : **Léon M'ba** meurt d'un cancer à Paris à l'hôpital Claude Bernard le 26 novembre 1967.

Germain M'ba : qui est un parent très éloigné de Léon M'ba, inspecteur des douanes, licencié en droit et diplômé de sciences politiques, qui finit ses études à la fin des années 50, au moment où son pays obtient l'indépendance ne supporte pas l'idée que ce soit des «pionss» de la France qui dirigent le Gabon. **M'ba** entre dans la vie politique active dès 1960 et devient aussitôt un «dangereux agitateur» pour les agents et politiciens français qui assurent sur place l'ordre et la sécurité. Secrétaire général adjoint à l'Union africaine et Malgache, il fait partie au début des années 60 du petit club des Africains franco-phones dont la voix compte sur la scène internatio-nale. Le 19 Février 1964 les parachutistes français rétablissent **Léon M'ba** à la présidence. Le président démissionne de son poste pour marquer sa réproba-tion.

Germain M'ba apparaît depuis cette affaire comme l'empêcheur de tourner en rond. Rejeté par Paris et par Libreville, il se réfugie d'abord à Brazza-ville d'où il est expulsé peu après par les hommes dépendant des services de Jacques Foccart. Il s'installe à Kinshasa, où il est emprisonné pendant un mois. Rejeté d'Afrique, Germain M'ba revient finalement en Europe et collabore au journal Jeune Afrique dont il devient en 1965 le rédacteur en chef adjoint. Affaire Germain M'ba à Libreville 18 Septembre 1971, un diplomate gabonais est abattu. Sa femme et sa fille blessées.

Le cadavre disparaît. Tels sont les éléments d'une affaire ténébreuse qui soulève une vive émotion dans la capitale gabonaise. Dans la nuit de jeudi à vendredi, M. Germain M'ba ancien ambassadeur à Bonn nommé à Tokyo, rentre du cinéma en voiture, accompagné de sa femme et de sa fillette. Mme M'ba et sa fillette descendent de la voiture et entrent dans la maison. Au moment où M'ba ferme sa portière, un homme surgit de l'ombre et tire deux coups de pistolet sur lui.

Germain M'ba s'effondre en poussant un cri. Et depuis, rien sur cette ténébreuse affaire à Libreville qui interpelle le défunt président **Albert Bernard Bongo**. Rappelons que c'est sur injonction du vieux **Houphouët-Boigny** que le président gabonais a réintégré **Germain M'ba** dans le jeu politique.

Quand je vois ce qui se passe en ce moment en Afrique, je ne peux m'empêcher de faire le lien direct entre l'influence des religions judéo-chrétiennes (extrémistes) et des riches bourgeois, les "nobles" du temps de la colonisation, et les méthodes pratiquées aujourd'hui par le capitalisme.

En effet, le principe est en tous points le même puisqu'il consiste, pour les multinationales (les riches capitalistes), à déposséder d'autres êtres humains (les africains) du droit de propriété sur eux-mêmes et sur leur pays (leurs terres). Nous assistons malheureusement à une toute autre forme d'esclavage.

Rien d'étonnant que l'on assiste alors à d'avantage de conflits, de violence, que les attentats terroristes se multiplient, et que l'intégrisme religieux s'étende à travers le monde.

Une analyse minutieuse nous permet de comprendre que tous ces conflits dont nous parlent les médias chaque jour, ne sont en réalité que les conséquences d'une guerre que se mènent les oligarques de la planète pour des raisons purement économiques et politiques, afin de détenir toujours plus de pouvoir sur les autres et non des guerres de religions.

Pour celles et ceux qui osent encore nier les faits, je tiens à rappeler que l'antagonisme entre les juifs et les musulmans n'est pas héréditaire, contrairement à ce que l'on tente de nous faire croire, il date d'une centaine d'années, guère plus ! Si les premiers disciples de Mahomet sont entrés en guerre avec les tribus juives de la péninsule arabique, ce n'est que la continuation de relations conflictuelles entre tribus bédouines de même culture. De tout temps, attaquer une tribu permettait de s'attribuer sa richesse, pour devenir la « race » dominante (voir unique), non pour tenter de convertir qui que ce soit à une religion, à une croyance ! De là à y voir le début d'un antagonisme religieux, relève d'une interprétation erronée et anachronique de l'Histoire.

Prenons le cas du christianisme. Si à ses débuts, cette religion prêchait la non-violence, elle ne fut pas moins aussi guerrière que les autres religions monothéistes ! Et pour des raisons ayant largement trait à l'économie, ce ne sont pas les preuves qui manquent.

Est-il encore besoin de mentionner les croisades (1095), autour des lieux saints ? Il faut s'enlever de l'idée que ces croisades avaient pour objectif de sauver Jérusalem des "infidèles", il y avait une volonté purement politique et économique derrière tout ça !

Prenons pour exemple l'ordre des Templiers, véritable banquier du très endetté roi de France Philippe IV le Bel, qui a été purement et simplement massacré pour cette raison ! Il s'agissait surtout de trouver une solution aux modifications sociales et démographiques survenues en Europe et notamment en France.

Un peu plus tard, les principaux motifs des "guerres de religion" des XVIe et XVIIe siècles (catholiques contre protestants) et de leur cortège d'horreurs en tous genres furent politiques et économiques autant (sinon plus) que religieux.

Les exactions des catholiques contre les protestants en France ont été d'une cruauté absolue (Saint-Barthélémy, système des dragonnades).

Plus récemment, le christianisme s'étant trouvé étroitement mêlé à l'expansion coloniale des Etats d'Europe de l'Ouest, il s'est peu retrouvé en conflit avec le reste du monde.

Le cas de la France au Maghreb, où il n'y a pas eu de volonté de pousser à la conversion au catholicisme, n'est pas représentatif. En Amérique du Sud, en Afrique et en Asie, les populations colonisées ont été converties en masse par les colons notamment espagnols et portugais...

Dans tous les conflits armés à travers le monde, d'"hier et d'aujourd'hui, nul ne peut nier que la politique et l'économie ont primé sur la théologie.

Derrière la foi se cache toujours l'argent et le pouvoir. Est-ce qu'il faut pour autant rejeter les religions ? Certainement pas!

Je précise que je n'ai pas voulu dénigrer, ni la foi que l'on peut avoir pour telle ou telle religion, ni les principes religieux en eux-mêmes. Il est vrai que la foi a poussé à de nombreux moments de l'histoire des hommes à promouvoir des idéaux pacifiques et généreux, ainsi que des règles de vie précises et fort utiles à l'époque où elles furent édictées.

Pourquoi ne pas dénoncer les motivations purement politiques, économiques et sociales, ainsi que l'ambition personnelle pure et simple de nos dirigeants, qui trouvent toujours une raison "morale" pour justifier tous conflits, dans lesquels ils n'hésitent pas à entraîner quantité de personnes pour partie cyniques comme eux, pour partie honnêtes et éprises d'absolu mais naïves. Quand on manie à la perfection le sophisme, rien de compliqué d'utiliser comme véhicule la religion !

Tout ça devrait vous aider à porter un nouveau regard sur le phénomène du terrorisme (Al-Qaida – Etat Islamique etc.). La religion, l'islam, même si elle semble être le cœur de l'action de cette entité, n'est en réalité qu'un prétexte à des revendications qui sont de nature politiques, économiques et sociales. L'établissement d'un califat à l'ancienne, le port strict du voile, le respect à la lettre des écrits du coran sont-ils vraiment les buts recherchés ? N'y faut-il pas chercher plutôt une réalité politique ? à savoir établir un gouvernement complice dans une zone stratégique?

Une réalité économique : s'emparer des richesses naturelles des autres.

Une réalité sociale : surfer sur les mécontentements des populations victimes des régimes autoritaires qu'ils ont eux-mêmes mis en place ?

J'aimerais citer mon ami auteur qui, l'ors d'un échange d'idées sur le sujet m'a livré sa propre analyse:

" *En fait, dans tout conflit, les 3 étages motivationnels sont les suivants :*

1) la gestion hédonique (du plaisir et du bien-être au quotidien, d'heures en heures) ;

2) l'obtention et la maintenance des sources hédoniques (matières premières, territoires, eau, esclaves...) ;

3) l'habillage idéologique de 1) et 2) et là, les religions sont bien pratiques car elles offrent un parfait terrain idéologique. De fait, le but de toute idéologie visant à couvrir 1) et 2) est la déshumanisation de l'ennemi. Car une fois déshumanisé, de l'ennemi, on peut faire ce que l'on veut sans aucun scrupule ni moral." Pierre-Xavier *DELASOURCE.*

Aujourd'hui, les français sont épris d'une colère intense qui, comme chacun le sait, est due aux crises financières qui se succèdent depuis plus de quarante ans, provoquant de plus en plus de chômage, de pauvreté et d'insécurité, ainsi qu'un état d'urgence permanent visant à nous priver de nos libertés, sans que jamais aucun de ceux qui les ont provoqués ne fassent l'objet de condamnations exemplaires.

Il est bon de rappeler à tous ces oligarques constituant cette médiocratie, que la prérogative d'un gouvernement est d'assurer la sécurité de tous les citoyens à tous les niveaux ors, il est évident que tout est fait pour que celle-ci le soit de moins en moins.

Chapitre 12
LE SPECTRE D'UNE GUERRE CIVILE
PLANE SUR LA FRANCE

Il suffit de tendre l'oreille dans la rue, aux terrasses des cafés, de lire les publications et les commentaires de la majorité des français sur les réseaux sociaux, pour comprendre que certains vivent en effet dans la peur d'une éventuelle "guerre civile".

Une peur justifiée par le fait qu'elle est pernicieusement nourrie et entretenue par un système qui a très bien compris que le sentiment d'insécurité lié aux attentats, pousse les gens à se renfermer, à être moins tolérants et plus enclins à rejeter certaines personnes, et dont le but est de créer une tension irréversible entre les différentes communautés.

Il est indéniable qu'un vent de psychose pousse les gens échaudés à s'en prendre à l'ensemble de la population musulmane qui, il faut le souligner, n'est en rien responsable de ce. Il est important que chacun comprenne que, contrairement à ce que beaucoup pensent et croient, qu'aucun des auteurs d'attentats ou de tentatives d'attentats perpétrés en France, n'est venu de ces pays expressément pour commettre des attentats, tous résidaient en France, y sont nés et y ont étés scolarisés (Très peu pour la plupart d'entre eux). Certains se sont rendus, ou sont soupçonnés de s'être rendus en Syrie pour rejoindre les "jihadistes", puis d'être revenu en France par des moyens conventionnels. Ce qui expliquerait la raison qui pousse notre gouvernement à prolonger l'état d'urgence, au point de le rendre permanent.

Chose très intéressante à souligner également, c'est que les parents de ces jeunes kamikazes, dressent tous un portrait idyllique de leur criminels de rejetons! Ils ne comprennent pas comment ils ont pu "basculer" dans cette violence du jour au lendemain?

Daesh (ou Etat islamique)! Un nom qui résonne constamment aux oreilles des français et de l'ensemble des pays occidentaux, par l'intermédiaire de nos médias.

D'après le Petit Larousse, un Etat est une "entité politique constituée d'un territoire délimité par des frontières, d'une population et d'un pouvoir institutionnalisé". Quant à l'adjectif "islamique", le dictionnaire donne la définition qui s'impose : tout ce qui est "relatif à l'islam".

Il est donc important de souligner que l'Etat islamique n'est pas un pays composé de musulmans, ce n'est ni plus ni moins qu'une sémantique que la diplomatie internationale veut "soit disant" combattre.

Aux Etats-Unis, on parle d' ***"Isil" (Islamic State of Iraq and the Levant)***, alors qu'en France, on a opté pour le terme ***"Daesh"***, qui est la traduction du sigle ***"Isil"*** en langue arabe.

J'aimerais souligner également le fait que, bien que nos médias omettent volontairement de le mentionner, loin de se taire, les musulmans de France n'ont pas attendu pour réprouver massivement le califat et les agissements de cette organisation terroriste.

Le Conseil français du culte musulman (CFCM), pour sa part, a appelé tous les musulmans de France à réaffirmer leur attachement à la liberté religieuse et au respect des croyances de chaque personne humaine, où qu'elle se trouve.

Quelque soit le degré d'horreur émanant d'une organisation, ou de personnes isolées, il faut se méfier des manipulations. Réagir hâtivement sans avoir procédé à une vérification minutieuse des informations, ne sert à rien, si ce n'est entretenir un climat haineux vis-à-vis de personnes innocentes.

Je tiens à rappeler à certains "racistes" islamophobes, que parmi les victimes de tous ces attentats perpétrés sur le sol français, comme partout ailleurs en Europe, figuraient également des musulmans, des victimes toutes aussi innocentes et humaines que l'étaient les autres victimes. Tout être humain doté de raison, ne peut qu'être horrifié devant tant de violence gratuite!

Comment expliquer que, bien que plusieurs centaines d'érudits musulmans se soient réunis pour dénoncer le terrorisme qui gangrène aussi les pays musulmans, soit si peu relayé par la presse française?

Vous êtes-vous seulement déjà demandé pourquoi Daech, qui est sensée avoir mis en place une stratégie de conquête et de soumission de l'Occident, n'a-t-elle pas frappé plus fort, envoyé plus d'hommes et de moyens pour faire beaucoup plus de morts ?

Sachant que cette organisation criminelle fortement armée a pu s'offrir de vrais spécialistes en explosifs pour massacrer les mécréants en masse, comment expliquer que ce soit juste des petites crapules nées et ayant fait leurs études sur notre sol, qui se soient rendu coupables de ces actes terroristes?

Certains avancent l'hypothèse que Daesh peut avoir pour stratégie de se contenter d'abord de peu de morts, en donnant comme argument qu'un camion ou une voiture, qui peut vous écraser à tout instant, paralyse mieux et à moindre frais la vie sociale d'un pays. Ils sont persuadés que Daesh garde ses spécialistes pour le bouquet final, qui provoquera des milliers de morts, et mettra notre gouvernement à genoux. Ils avancent également que nos décideurs européens n'ont aucune intention d'empêcher "l'invasion", puisque les politiques sont unanimes pour augmenter encore l'accueil de milliers de nouveaux migrants. Toujours selon ces mêmes personnes, tout indique une réelle volonté du système de déclencher une guerre civile (à travers toute l'Europe) qui nous conduirait vers la réalisation du plan illuminati, qui est d'instaurer un Nouvel Ordre Mondial. De plus en

plus de personnes à travers le monde en sont con-
vaincus.

Face à l'afflux migratoire, nous avons même entendu certains politiciens affirmer que la majorité des
migrants sont de jeunes hommes en parfait état de
santé, tous en âge de se battre, et que nous devrions
nous poser cette question : "Comment expliquer qu'ils
ne soient pas restés dans leur pays à combattre leurs
ennemis?"

Selon certains "spécialistes", l'islamisme radical
sert à achever la destruction de l'Europe traditionnelle, affirmant que "les moutons européens, apeurés
et enragés, sont près désormais à se ranger derrière le
pouvoir le plus fort."

Beaucoup sont épouvantés par la politique de
l'Occident au Proche-Orient depuis trente ans. Dans
la foulée, ils estiment que la chrétienté reçoit son juste
châtiment avec Daech. Ce qu'ils oublient, ou ignorent : c'est le projet maçonnique de gouvernance
mondiale qui produit Daech et la politique guerrière
de l'Occident vis-à-vis de l'ensemble des pays musulmans producteurs de richesses naturelles (Gaz - pé-

trole etc.), par intérêt purement politique et financier. A l'exception de quelques un d'entre eux.

Aujourd'hui, dans l'esprit collectif, le totalitarisme politico-religieux est dès l'origine l'islam, tant par ses textes (le coran, les hadiths), que par son corpus juridique (la charia). Nombreux ceux qui pensent et affirment qu'il n'y a pas d'extrémisme islamiste, mais l'islam est un extrémisme, et que c'est pourquoi il a été si facile à l'Occident (les Illuminatis) de susciter et laisser croître Daech.

Nous sommes nombreux à penser que l'unité est dangereuse pour les oligarques qui nous gouvernent, au point de tout mettre en œuvre pour rendre la cohabitation des communautés (de toutes origines et de toutes cultures confondues) impossibles. J'en veux pour preuve qu'à la suite de chaque attentat, la représentation d'une communautarisation accentuée de certains quartiers ou villes comme stade préalable et annonciateur d'un basculement vers le terrorisme ou la guerre civile, fut (et est encore) abondamment utilisée par l'ensemble des responsables politiques de tous bords. Une propagande qui, comme nous pouvons le constater chaque jour, n'est pas la panacée des frontistes, puisque largement diffusée par les médias complices, qui nous présentent les résultats de "sondages" stipulant que près de 73% des interviewés jugent certain qu'en cas de nouveaux attentats menés par des terroristes "islamistes", nous assisterons alors à des actions de représailles de la part d'individus qui voudraient se venger ou se faire "justice" en attaquant des mosquées, des commerces ou des quartiers fréquentés par la population musulmane.

Sommes-nous réellement à la veille d'affrontements incontrôlables qui déstabiliseraient entièrement notre pays ? Tout laisse à penser aujourd'hui que des actions de représailles aveugles ciblant des lieux fréquentés par les populations issues de l'immigration, ou de confession musulmane, pourraient exclusivement être le fait d'individus issus de groupuscules d'extrême-droite, d'extrême-gauche, prêts à mettre le feu à la poudrière.

Il est plus qu'évident que la propagande médiatique et politique, visent à nous faire croire que les musulmans et les personnes d'origine musulmane ne sont pas bien intégrés en France, de telle sorte que ce "déficit d'intégration" doit être perçu comme servant de terreau à la radicalisation de certains individus socialement et psychologiquement incompatibles avec la population française dite "de souche".

Qu'il s'agisse de lieux de culte ou du port du voile dans la rue, la propagande islamophobe fait que aujourd'hui, de plus en plus de Français rejoignent les rangs du FN par ignorance, par mimétisme, et perçoivent de fait l'Islam comme beaucoup trop présent et de plus en plus envahissant.

Personnellement, je reste convaincu qu'il ne faut pas faire d'amalgame, car la grande majorité des musulmans vivent paisiblement en France, aiment et respectent notre pays, et qu'il existe des exceptions dans tous les pays du monde, y compris parmi les gens dits de "souche". La connerie humaine n'a ni nationalité, ni religion.

Il a été largement prouvé, après chaque attentat, que tous les terroristes impliqués, n'étaient pas musulmans, mais des délinquants nés sur le territoire, "endoctrinés" soit en prison, soit dans une mosquée de cité, par des imams salafistes.

Nous savons tous que l'éclatement de troubles

et la montée d'un climat d'affrontements communautaires, est souvent le fait de minorités radicalisées dont les actes peuvent enclencher un cercle vicieux et une propagation mimétique des violences. Même si les français qui perçoivent l'islam comme une menace ne sont pas prêts à la confrontation, ils constituent néanmoins un vivier conséquent dans lequel une minorité pourrait être tentée de recourir à la violence à la suite de nouveaux attentats plus meurtriers que les précédents, qui produirait un choc et une colère immense et des réactions en chaîne au sein des quartiers les plus chauds des grandes villes du pays.

D'autant plus que cette couche de la société est déjà très remontée par l'ingérence de nos politiques dans les affaires internes de la France!

Je voudrais citer ici mon ami, auteur de l'ouvrage "Réinventons la France", Maître Michel Bourgeois:

"Il est temps de mettre fin, une bonne fois pour toutes au bal des hypocrites, l'impunité des commanditaires et financiers de tout attentat, constitue un crime contre la conscience humaine. La fin de l'impunité des commanditaires relève du devoir de conscience, mais aussi de celui de mémoire à l'égard de celles et de ceux, victimes innocentes, dont le seul crime fut de vivre.

Il existe un point commun entre tous les terroristes que la terre a porté et portera encore, le fait pour eux d'avoir été un jour des enfants accompagnés plusieurs années durant par des adultes, des mineurs n'ayant pas plongé du jour au lendemain dans des meurtres aveugles, ne respectant ni foi, ni loi, des jeunes adultes ne s'étant pas éveillés un beau matin en se disant qu'il n'y aurait rien de plus beau au monde que de se faire exploser, en emportant avec eux la vie, l'amour et les souvenirs de parfaits inconnus n'ayant pour seul point commun que le fait d'être "*autres*" ? Mais l'étaient-ils vraiment ? Si nous ne prenons pas immédiatement des mesures de protection de l'Enfance, nous ne pourrons jamais éviter que dans quinze ou vingt ans des bambins que la vie aura frustrés et marginalisés, deviennent à leur tour des bombes humaines ou de froids assassins.

Ce meurtrier qui aura vingt ans demain et qui tuera ou mutilera peut-être des êtres qui nous sont chers, nous le côtoyons déjà. Il est âgé de trois ou quatre ans et nous ne le regardons même pas : aucune société ne pourra lutter contre le terrorisme sans investir massivement dans la Protection de l'enfance et dans la Culture.

La première est aujourd'hui "*partagée*" par plusieurs ministères, c'est-à-dire "diluée" entre plusieurs administrations, ce qui conduit des enfants ayant passé toute leur jeune vie sur le sol français, sans qu'on veuille changer quoi que ce soit, au nom de dogmes dits "*éducatifs*", à ne pas parler correctement la langue française et moins encore l'écrire—ce qui ne vaut pas que pour les familles biculturelles -, à n'avoir qu'une vague idée de ce qu'est le respect, à ne rien connaître de notre Histoire ni de nos règles républicaines, lesquelles structurent notre vivre ensemble et font partie d'un "*non-négociable*" à intégrer.

"OUVREZ DES ÉCOLES, VOUS FERMEREZ DES PRISONS !"

Remercions Victor Hugo pour ce cri du cœur. Ainsi l'apprentissage de la langue doit-elle être une priorité absolue, constituer une cause nationale réunissant Fonction publique, associations et autres acteurs ayant savoir et savoir-faire, et ils sont nombreux. Quant à la Culture, elle passe elle aussi par la lecture, laquelle ne consiste pas qu'à déchiffrer des mots, ce qui m'amène encore aujourd'hui à me demander si au travers de l'apprentissage du latin, je n'en ai pas appris davantage durant mes années de potache sur l'histoire de Rome que sur celle de Paris.

Loin de la peine et de la colère que ce qui vient de se passer ne peut que provoquer chez tout être doué de conscience, ce bambin de trois ou quatre ans mérite qu'on lui porte un intérêt particulier : ses faibles résultats scolaires peuvent dissimuler de terribles écueils, psychologiques, familiaux ou sociaux, points de départ d'une spirale infernale.

N'oublions jamais que la Culture qui est une ouverture sur le Monde, marque la frontière entre l'humain et l'inhumain.

La constitutionnalisation de l'état d'urgence n'est pas de nature à permettre à la France de "*combattre efficacement le terrorisme*" et l'insistance de nos dirigeants actuels à soutenir le contraire est elle aussi "*suspecte*".

L'intérêt du projet, qui n'est pas celui du peuple de France, réside dans cette phrase, les lois françaises "*ordinaires*" suffisant : "Mais les mesures que cette loi, même modifiée, permet de prendre pour faire face à des circonstances exceptionnelles, sont limitées par l'absence de fondement constitutionnel de l'état d'urgence. Le nouvel article 36–1 de la Constitution donne ainsi une base constitutionnelle à des mesures qui pourront, si le Parlement le décide, être intro-duites dans la loi n° 55–385 du 3 avril 1955".

Le seul objectif poursuivi par ce texte repose donc sur l'idée selon laquelle, en inscrivant dans la Constitution (art. 36–1) que "*La loi fixe les mesures de police administra-tive que les autorités civiles peuvent prendre pour prévenir ce péril ou à faire face à ces événements.*", une telle loi qui fixe-rait lesdites mesures devrait être considérée comme inattaquable a priori devant le Conseil constitutionnel, puisque la constitutionnalisation permettrait en quelque sorte au législateur de le faire arbitrairement.

Par "*autorités civiles*", piège là encore des mots, il faut lire « autorités administratives », de la même manière qu'il faut comprendre que placer les mesures "exceptionnellement durables" "*sous le contrôle du juge administratif*" ne présente pas pour le justiciable les mêmes garanties que son placement "*sous le contrôle d'un juge judiciaire*", le contrôle judiciaire étant effectué a priori, à l'inverse du contrôle administratif qui n'est effectué qu'a posteriori.

Il est déjà des parlementaires qui restent attachés aux valeurs constitutionnelles de la France, dont l'une d'entre elles est la séparation des ordres administratif et judiciaire, dont on comprend aisément la raison : l'État disposant d'un pouvoir de contrainte à l'encontre de l'individu, n'est sans doute pas le mieux placé pour en fixer lui-même les limites acceptables.

Pour en revenir à la déclaration des droits de l'homme et du citoyen, terriblement historique, sur laquelle repose notre vivre ensemble, il faut avoir présent à l'esprit que, c'est ce qu'énonce son article 7, "Nul homme ne peut être accusé, arrêté, ni détenu que dans les cas déterminés par la loi et selon les formes qu'elle a prescrites (...)" et son article 9. que "Tout homme étant présumé innocent jusqu'à ce qu'il ait été déclaré coupable, s'il est jugé indispensable de l'arrêter, toute rigueur qui ne serait pas nécessaire pour s'assurer de sa personne doit être sévèrement réprimée par la loi".

Se pose donc la question suivante: Le Parlement peut-il modifier la constitution en violant la déclaration des droits de l'homme qui en fait partie intégrante?

Pas plus que la constitutionnalisation de l'état d'urgence, la réponse à cette question ne constituera aucune avancée contre le terrorisme. Il est donc légitime de déplorer un tel gaspillage d'énergie et de moyens, car tout cela a un coût, alors que la lutte contre ce phénomène meurtrier, priorité s'il en est, requiert avant tout des moyens humains et matériels s'agissant de sa répression, mais aussi des réponses sociales et éducatives pour qui veut prévenir."
Michel Bourgeois

CONCLUSION

Le réel danger pour une France en pleine crise, en plus de la menace d'une guerre civile, est le déficit de connaissances du plus grand nombre. Déficit qui n'augure aucun avantage pour l'unité, l'engagement, et la difficulté de ceux qui en font l'expérience est une évidence. Comment peut-on encore ignorer cette vérité selon laquelle, la loi de transmission du savoir, ne se limite pas uniquement à une simple formalité ? Le grand défi de notre époque est donc celui de déceler, au travers de ces multiples tendances qui tendent à réduire nos champs visuels, quelles sont nos véritables priorités. Il n'est pas facile d'éveiller les consciences endormies, c'est pourquoi à travers cet ouvrage, j'ai voulu mettre en exergue l'importance que chacun d'entre nous se doit d'accorder à l'éducation qu'il reçoit, mais davantage à celle qu'il transmet à ses enfants car, de cette éducation dépend essentiellement la manière dont ils appréhenderont le monde dans lequel ils vont devoir évoluer.